Kleine Edition 37

JOHANNA BUSSEMER, KATJA KIPPING

GREEN NEW DEAL ALS ZUKUNFTSPAKT

Die Karten neu mischen

August Verlag

Diese Publikation wurde unterstützt durch die Rosa-Luxemburg-Stiftung und gefördert mit Mitteln des Auswärtigen Amtes der Bundesrepublik Deutschland.

ROSA LUXEMBURG STIFTUNG

INHALT

Vers l'avenir – für unsere Kinder N. und J.

Es entbehrt nicht einer gewissen Ironie, dass die Heartland-Leute den Klimawandel eilfertig als linksgerichtetes Komplott hinstellen, während die meisten Linken noch nicht einmal begriffen haben, dass ihnen die Klimawissenschaftler das stärkste Argument gegen den Kapitalismus an die Hand geben seit den „dunklen teuflischen Mühlen" in William Blakes berühmtem Gedicht (natürlich nahm mit diesen Fabriken der Klimawandel seinen Anfang).

Naomi Klein[1]

[1] Naomi Klein, *Warum nur ein Green New Deal unseren Planeten retten kann*, Hamburg: Hoffmann und Campe 2019, S. 115.

ANSTELLE EINES VORWORTS: DIE KARTEN NEU MISCHEN

Halt mal kurz – unsere Kinder N. und J. lieben dieses Spiel, das die tiefsinnigen Späße aus den *Känguru-Chroniken* vom Marc-Uwe Kling in Spielkarten übersetzt. Im Grunde funktioniert das Spiel wie das altbekannte Mau-Mau, nur etwas witziger und abwechslungsreicher. Die Karten können nach bestimmten Regeln gezogen und abgeworfen werden. Wer die Karte „Ach – mein, dein" zieht, kann mit einer Spieler:in seiner Wahl einfach das Blatt tauschen. In diesem Kartenspiel gibt es auch die Kapitalismuskarte. Wenn die erscheint, muss die Spieler:in mit den meisten Karten zwei zusätzliche Karten ziehen. Schließlich gilt im Kapitalismus, wer schon viel hat, der bekommt noch mehr obendrauf. So spielerisch kann Kapitalismuskritik sein. Dieser Mechanismus liegt nicht am bösen Willen einzelner Personen. Vielmehr ist er so fest in die Verhältnisse eingeschrieben, dass er vielen als selbstverständlich erscheint.

Man könnte diesen Umstand auch mit unzähligen Untersuchungen zur Reichtumsverteilung und aus der Elitenforschung,[1] in Statistiken und Zahlen belegen,

---

[1] „Zwei Drittel der befragten Hochvermögenden geben an, dass Schenkungen und Erbschaften für sie relevant waren, um vermögend zu werden[.]" – und eben nicht die eigene Leistung. Lebenslagen in Deutschland – Fünfter Armut- und Reichtumsbericht der Bundesregierung, 2017, S. 131; Vgl. Michael Hartmann, *Der Mythos von den Leistungseliten. Spitzenkarrieren und soziale Herkunft in Wirtschaft, Politik, Justiz und Wissenschaft*, Frankfurt a.M.: Campus 2002.

das Känguru bringt ihn auf eine einfache Spielkarte: Wer die meisten Karten hat, bekommt noch mehr Karten dazu. Doch der Clou ist: Bei diesem Spiel gewinnt – anders als im Kapitalismus – nicht, wer die meisten Karten hat, sondern wer zuerst alle Karten abwerfen konnte. Das muss man dem Känguru erst mal nachmachen. Schon für Neunjährige verständlich das Dilemma unserer Wirtschaftsweise auf den Punkt bringen und dann spielerisch die Regeln umschreiben. Wie schön wäre es, wenn das auch im wirklichen Leben ginge: die Selbstverständlichkeiten, die ungerecht sind und uns schaden, erkennen und die Mechanismen, die sie erzeugen, ändern. Nicht nur die Karten neu verteilen, sondern dabei auch die Spielregeln umschreiben – geht das wirklich nur bei einem Kartenspiel? Sollte das in einer Demokratie und angesichts von Krisen, die unsere Gegenwart erschüttern und unsere Zukunft gefährden, nicht auch in der Realität möglich sein? Im Englischen gibt es für den Vorgang, die Karten neu zu mischen, einen bemerkenswerten Ausdruck, der sich tief ins politische Vokabular eingeschrieben hat: New Deal.[2]

---

[2] Katja Kipping, „Das Roosevelt-Moment", https://www.freitag.de/autoren/der-freitag/das-roosevelt-moment-in-der-corona-krise [Letzter Zugriff: 23.5.2021].

1. EIN DEAL FÜR GEMEINSAME HANDLUNGSFÄHIGKEIT

Das englische Wort „Deal" hat für den vorliegenden Text gleich drei zentrale Bedeutungen. Denn es steht sowohl für „die Karten neu mischen" als auch für einen Handel und kann zudem für das deutsche Wort „Abkommen", ja „Pakt" stehen. Bei den Debatten um den Green New Deal geht es also nicht um einen „Deal" im Sinne eines Drogengeschäfts oder eine Vereinbarung im Hinterzimmer, sondern um die angemessene Reaktion auf die Krisen unserer Zeit.

Der historische New Deal unter Franklin D. Roosevelt sowie die aktuellen Green-New-Deal-Debatten liefern in der Summe eine entscheidende Orientierung für ebenjene notwendige Reaktion auf die Krisen unserer Zeit. Es handelt sich um eine Orientierung, die zu einem Plan verdichtet werden kann. Denn der Green New Deal eröffnet eine Veränderungsperspektive, die in der Welt, in der wir leben, bereits funktioniert und zugleich darüber hinausweist. Dieser Plan bietet zudem ein Dach, unter dem sich schon jetzt verschiedene Akteur:innen sammeln. Insofern birgt er das Potenzial für gemeinsame Handlungsfähigkeit über Grenzen hinweg – territoriale, politische und soziokulturelle. Letztlich geht es um die Frage, wie ausgehend von den Debatten um den Green New Deal ein Zukunftspakt geschlossen werden kann, der dem Ziel verpflichtet ist, die sozialen wie die ökologischen Krisen nachhaltig zu entschärfen, und der zudem die richtigen Konsequenzen aus dem Coronaschock zieht.

In diesen Essay sind die Ideen und Erkenntnisse verschiedener Diskussionen und Gespräche eingeflossen, die wir im Laufe der letzten Jahre zusammen mit vielen anderen geführt, organisiert und erlebt haben. Insbesondere unsere politischen Reisen nach England und die dortigen Treffen mit Akteur:innen aus dem linken Flügel der Labourpartei und rund um die Organisationen Momentum und The World Transformed haben dazu geführt, dass uns das Nachdenken über den Green New Deal nicht mehr losgelassen hat. Dabei inspirierte uns, dass fortschrittliche Akteur:innen, Organisationen und Parteien weltweit debattieren, ob und wie unter dem Dach des Green New Deal ein gemeinsamer Handlungskatalog entstehen kann; ein Katalog, der gleichermaßen im Rahmen von Nationalstaaten wie überregional, international und multilateral Anwendung finden kann. Diese Debatten laufen auch vor dem Hintergrund der aktuellen gesellschaftlichen Umbrüche. Die Hegemonie des Neoliberalismus schwindet, aber noch ist sie nicht so nachhaltig geschwächt, dass sie nicht wiederhergestellt werden könnte, und sei es als Zombie-Version, z.B. durch eine neue strategische Verbindung von Neoliberalismus und autoritärem Rechtspopulismus, deren Entstehung vielerorts bereits zu beobachten ist.[1] Erhebende Entwicklungen, wie die großen, globalen Klimaproteste

---

[1] Vgl. Kolja Möller: „Das ‚Volk‘ der neuen Rechten. Zwischen autoritärem Liberalismus und neofaschistischer Dynamisierung", *Zeitschrift für Menschenrechte* 2/2020, S. 68–91.

und eine an Kraft gewinnende neue feministische Bewegung stehen dem Erstarken rechter und autoritärer Kräfte auf der ganzen Welt gegenüber. Angesichts all der ermutigenden Potenziale einerseits und der bedrohlichen Szenarien anderseits wird immer klarer: Wenn die fortschrittlichen gesellschaftlichen Kräfte diese offene Situation für sich entscheiden wollen und die Krisen nachhaltig entschärft werden sollen, braucht es mehr als ein Herumdoktern an den Symptomen, es braucht mehr als einen Buben im Kartenblatt oder das Hoffen auf ein Ass. Vielmehr müssen die Karten neu gemischt und Regeln umgeschrieben werden.

Das ist nicht das erste Buch zum Green New Deal, und es wird hoffentlich nicht das letzte bleiben. Denn dieser Text ersetzt nicht die detaillierten Analysen über den historischen New Deal in den USA, auch wenn einiges besonders Bemerkenswertes hier angeführt wird. Diese Seiten ersetzen auch nicht die vielen innovativen wissenschaftlichen und politischen Konzepte, von denen in der Folge einige in Anschlag gebracht werden. Und schon gar nicht ersetzt dieser Text die unzähligen Kämpfe und Auseinandersetzungen, die die Grundlage bilden für die Weichenstellungen in eine gerechte und lebenswerte Zukunft. Vielmehr soll er Neugierde wecken auf die Pfade, die wir zusammen einschlagen können, und Lust machen auf das, was bevorsteht. Wie könnten aber die Pfade und Wege, die wir gemeinsam einschlagen wollen, erkundet werden? Die Grande Dame des linken Feminismus Frigga Haug liefert eine Antwort: Der Weg wird beim Gehen erkundet.[2] Da der Green New Deal als Zukunftspakt noch nicht durchgesetzt wurde, können wir nicht einfach jemandem auf einem bereits planierten Weg hinterherlaufen, sondern müssen ihn beim gemeinsamen Handeln finden. Für die Umsetzung dessen, was notwendig, und dessen, was wünschenswert ist, gibt es keine fertige Wegbeschreibung. Aber immerhin gibt es einen Orientierungspunkt: Denn legt man die Vielzahl von Konzepten zum Green New Deal übereinander, dann erscheinen zwar Leerstellen und einige Widersprüchlichkeiten, aber alles in allem ergeben sie das Bild eines Projekts der Gesellschaftsveränderung, das das Potenzial hat, für fortschrittliche Bewegungen, für sozial und ökologisch engagierte Köpfe in der Politik und der Gesellschaft sowie letztlich für uns alle gemeinsam zu einem Kompass zu werden. Und wie bereits angedeutet, kommt dieser Kompass nicht einfach aus dem Nichts. Er hat eine Geschichte, aus der sich viel lernen lässt.

Was bisher geschah – im Zeitraffer

Vor rund 90 Jahren, in den 1930er Jahren des 20. Jahrhunderts, startete unter dem Präsidenten Franklin D. Roosevelt in den USA in Reaktion auf Rezession und die bis dahin größte Wirtschaftskrise der kapitalistischen Geschichte der New Deal. Anfangs ging es vor

[2] Frigga Haug, *Der im Gehen erkundete Weg. Marxismus-Feminismus*, Hamburg: Argument/inKrit 2018.

allem um die Regulierung der Finanzmärkte sowie um massive Investitionen. Später aber auch um Rechte für Beschäftigte und um gute Arbeit, kurz um die Anfänge eines Sozialstaates.

Gut 90 Jahre später zeichnen sich deutlich die Umrisse einer neuen, globalen Krise ab: der hereinbrechende Klimakollaps. Wissenschaftler und Wissenschaftlerinnen weisen seit langem auf die Gefahren der weitgehend menschengemachten globalen Erwärmung hin, politische und zivilgesellschaftliche Bewegungen versammelten sich spätestens seit den 1980er Jahren hinter dem Ziel des Umweltschutzes, mit Beginn des 20. Jahrhunderts erklingen verstärkt die Rufe nach Klimagerechtigkeit. Vor rund 15 Jahren kommen in Deutschland schließlich die ersten Debatten um einen Green New Deal auf. Damit war das Thema auch auf die Ebene eines möglichen Regierungsprogramms gelangt, wenn auch nicht bei den zu dieser Zeit tatsächlich Regierenden. Die dabei verhandelten Konzepte knüpften zwar sprachlich an den historischen New Deal unter Roosevelt an, ließen jedoch anfangs noch die Bereitschaft zum Konflikt mit der Kapitalseite missen, die das historische Vorbild ausgezeichnet hatte. Vielmehr waren diese ersten Debatten hierzulande stark durch das Bestreben geprägt, Klimaschutz und Kapitalismus zu versöhnen.

Nicht wenige, auch die Redaktion des Magazins *prager frühling*,[3] kritisierten damals den Green New Deal

---

[3] „Ökologische Politik – will sie nicht offen autoritär sein – muss letztlich auch eine soziale Politik sein, weil sie ohne Akzeptanz der vielen zum Schei-

als Versuch, allen einzureden, ein grüner Kapitalismus sei möglich. Inzwischen hat sich herumgesprochen, dass die kapitalistische Wirtschaftsweise und nachhaltiger Klimaschutz miteinander im Konflikt stehen. Das ist auch den weltweiten Bewegungen für Klimagerechtigkeit zu verdanken. Niemand bringt es so gut auf den Punkt wie Naomi Klein mit ihrem Buchtitel *Die Entscheidung: Klima versus Kapitalismus*.[4] Im zweiten Jahrzehnt dieses Jahrhunderts häuften sich dann Green-New-Deal-Ansätze, in denen soziales und ökologisches Umsteuern zusammengedacht und konzipiert wurden: von den linken Demokrat:innen Alexandria Ocasio-Cortez und Bernie Sanders in den USA über das Programm der britischen Labour-Partei und Konzepten der Partei Die Linke in Deutschland.[5] Es handelt sich allerdings wahrlich nicht nur um eine Debatte der westlichen Welt – im Gegenteil. Wichtige Stimmen stammen aus dem globalen Süden, nicht zuletzt wohl deshalb, weil hier sowohl die sozialen als auch die klimatischen Folgen des Klimawandels schon jetzt in einem Ausmaß zu spüren sind, das bei uns noch fast unvorstellbar ist. Auch die *Climate Justice Charta* aus Südafrika, die in einem breiten gesellschaftlichen Prozess über Jahre erarbeitet wurde, und der Pacto Ecoso-

---

tern verurteilt ist." „Aus Thesen der Redaktion: lieber red als new", *prager frühling*, Februar 2010, S. 38–39, hier S. 38.

[4] Naomi Klein, *Die Entscheidung: Kapitalismus versus Klima*, Frankfurt a.M.: Fischer 2016.

[5] Bernd Riexinger, *System Change. Plädoyer für einen linken Green New Deal*, Hamburg: VSA 2020; Katja Kipping, Bernd Riexinger, „Für einen sozialen Aufbruch und mutigen Klimaschutz", https://www.die-linke.de/start/nachrichten/detail/fuer-einen-sozialen-aufbruch-und-mutigen-klimaschutz/ [Letzter Zugriff: 20.5.2021].

cial del Sur für die lateinamerikanischen Länder und die Karibik aus dem Jahre 2020 zeugen davon.

Und dann schlug zu Beginn der Zwanzigerjahre dieses Jahrhunderts die Coronapandemie ein. Sie krempelte Gewissheiten um, stellte vieles auf den Kopf und noch mehr infrage. Wir müssen uns damit beschäftigen, welche Schlussfolgerungen aus dieser Krise zu ziehen sind.

Nach über einem Jahr Coronakrise, also im Frühling 2021, drängt sich die Frage auf, ob diese Krise unsere Sicht auf den Green New Deal ändert, ob sie etwa die Dringlichkeit seiner Umsetzung relativiert. Doch im Gegenteil scheint jetzt mehr denn je ein übergeordnetes Projekt des gesellschaftlichen Umbaus notwendig. Allerdings ist nun zu der Notwendigkeit, die ökologischen und die sozialen Krisen zu entschärfen, eine weitere Aufgabe hinzugekommen.

Dabei lässt sich die Pandemie auch als Symptom für die allgemeine Krisenanfälligkeit der Weltgesellschaft insgesamt verstehen. Die Coronakrise hat den Menschen noch einmal ihre Verletzlichkeit vor Augen geführt. Das ist eine Erfahrung, die viele gerne verdrängen, weil sie daran erinnert, dass grundlegend umgesteuert werden muss, wenn die Welt krisenfester werden soll. Der Text knüpft hierfür an das ermutigende historische Beispiel des New Deal mit seiner Bereitschaft zum Konflikt an. Die substanziellen Überlegungen der jüngsten, progressiven Green-New-Deal-Konzepte, die sowohl national angelegt sind wie auch global zur Umsetzung drängen, sind in ihn eingeflossen. Anschluss erlaubt auch die wissenschaftliche

Expertise zur Agrarwende, Energiewende, Verkehrswende, Bauwende und zu Umbauprogrammen in der Wirtschaft. Doch wer heute über Umsteuern und Weichenstellungen schreibt, muss zugleich die Erfahrungen des Coronaschocks einbeziehen. Dies geschieht im Folgenden exemplarisch im Bereich der Kunst- und Kulturpolitik, der sozialen Garantien sowie bei Fragen der Geschlechterverhältnisse und der Zeitpolitik. Anhand dieser Kontexte wird deutlich: Die Pandemie wirft die bisherigen Überlegungen im Rahmen der Green-New-Deal-Debatten nicht über den Haufen, vielmehr hat sie weitere Dimensionen sichtbar gemacht. Es gab einen Weckruf.

2. CORONA UND KLIMA: WAS HAT DAS MITEINANDER ZU TUN?

Wake-up call

„Ich sage meinen Aktionären immer: *Corona is a wake-up call*, also ein Weckruf. Sehen Sie, wie schnell die Regierung im Lockdown in der Lage war, Freiheitsrechte einzuschränken. Glauben Sie ja nicht, dass sie nicht auch ans Eigentumsrecht rangehen würden, wenn es ernst wird mit dem Klimaschutz. Schon deshalb müssen wir jetzt von uns aus auf klimagerechtes Bauen hinwirken."[1] Diese Worte von einem Vertreter eines großen Immobilienkonzerns fielen bei einer digitalen Diskussionsrunde Anfang 2021 an der London School of Economics zum Thema Nachhaltigkeit. Natürlich ging es ihm darum zu verdeutlichen, wie sehr sein Unternehmen auf ökologische Belange achtet. Doch diese Worte lassen auch aus einem anderen Grund aufhorchen. Sie erinnern an die Polemik von Jan Fleischhauer in Reaktion auf den Aufruf #ZeroCovid. Dieser Aufruf aus Wissenschaft und Zivilgesellschaft schlägt eine europaweite Strategie im Kampf gegen Corona vor. Anstatt die Infektionszahlen nur etwas einzudämmen, sollen sie Richtung null gedrückt werden.

---

[1] Seminar an der London School of Economics am 2. Februar 2021 mit Prof. Schellnhuber, Katja Kipping und Vertretern von Vonovia zu „Balancing Environmental and Social Sustainability: Real Estate and Housing Markets in Transition". [Fremdsprachige Zitate sind, wenn nicht anders angegeben, von den Verf. übersetzt.]

Man tritt Fleischhauer nicht zu nahe, wenn man ihn als ausdrücklich Nichtlinken und Anhänger des Marktliberalismus bezeichnet. Aus dieser Position heraus kritisierte er an #ZeroCovid, dass es sich hier um den „Beginn im Kampf um eine neue Wirtschaftsordnung handelt".[2] Dabei findet es Fleischhauer besonders erschreckend, dass „die neue postpandemische Gesellschaft [...] eine Gesellschaft sein wird, in der die Profitlogik ausgehebelt ist".[3] Während die gesellschaftliche Linke noch miteinander stritt, wie sie es mit dem Lockdown hält, hatte die andere Seite den Knackpunkt der Sache also längst ausgemacht. Mit dem entscheidenden Unterschied, dass Fleischhauer und Co. das als Gefahr markieren, was als Chance gesehen werden könnte.

Um den Kollaps von Krankenhäusern und Krematorien zu vermeiden, griff die Regierung während der Coronakrise in alltägliche Abläufe entschieden ein, sogar teilweise in die unternehmerische Freiheit. Nicht jeden dieser Eingriffe heißen wir gut. Besonders die Schlagseite der Infektionsschutzmaßnahmen ist kritikwürdig. Die Hauptlast der Kontaktbeschränkungen wurde den Privathaushalten, dem Einzelhandel, der Kultur und der Gastronomie auferlegt, während die Vorschriften in der restlichen Arbeitswelt, z.B. in den großen Versandzentren von Amazon oder den riesigen Schlachthäusern, die sich schnell als Ansteckungs-

---

[2] Jan Fleischhauer, „Das Covid-Kommando", https://www.focus.de/politik/deutschland/schwarzer-kanal/die-focus-kolumne-von-jan-fleischhauer-das-covid-kommando-corona-bringt-ans-licht-wie-autoritaer-deutschlands-linke-ist_id_12900536.html [Letzter Zugriff: 20.5.2021].

[3] Ebd.

herde erwiesen, weiterhin mehr oder weniger unverbindlich blieben.

Es zeigte sich aber dennoch deutlich, wie schnell tiefe Eingriffe möglich sind und Milliardenbeträge aktiviert werden können, wenn der politische Wille vorhanden ist. Kann diese kollektive Erfahrung als Ankerpunkt, ja als Ansatzpunkt für das dringend notwendige sozialökologische Umsteuern fungieren? Garantien dafür gibt es keine, bis auf die eine: Wenn wir es nicht versuchen, werden wir definitiv scheitern. Aber wollen wir es den Gegner:innen des sozial-ökologischen Umbaus wirklich so einfach machen? Vor allem angesichts der Komplizenschaft, die sich abzeichnet, wenn man einen Blick auf die organisierte Klimaleugnerszene wirft – und zwar hierzulande wie jenseits des Atlantiks. Besonders gut illustriert das die Geschichte des Heartland Institut.

Komplizenschaft von Corona- und Klimaleugnern im Heartland Institut

„Ein Angriff auf den Kapitalismus der amerikanischen Mittelschicht", „ein Komplott, um die Amerikaner ihrer Freiheit zu berauben", „durch nichts gerechtfertigt", „keine freie Gesellschaft [würde sich] das antun", „ein Trojanisches Pferd, erdacht, um den Kapitalismus abzuschaffen", und schließlich die ganz große Nummer: „ein Deckmantel für den Nationalsozialismus".[4]

---

[4] Zit. nach Klein, *Warum nur ein Green New Deal unseren Planeten retten kann*, S. 85ff.

So wird auf den Konferenzen des eng mit der libertär-rechtspopulistischen Tea-Party-Bewegung verwobenen Heartland Institut in den USA über den Klimaschutz gesprochen. Eigenen Angaben zufolge fühlt sich die Heartland-Truppe marktliberalen Lösungen verpflichtet. Die Liste ihrer Geldgeber liest sich wie das Who's who des Rechtspopulismus und Marktradikalismus: Philip Morris, die R. J. Reynolds Tobacco Company, die Koch Family Foundation, die Mercer Family Foundation und ExxonMobil. In ihrem Buch zum Green New Deal schildert Naomi Klein die Argumentationsmuster, die dieser pseudowissenschaftliche Think-Tank verbreitet. Anfangs handelte es sich um eine kleine Lobbygruppe u.a. für Tabak. Die wissenschaftliche Erkenntnis, dass Passivrauchen krebserregend ist, war wichtig für die Gesundheit und das Leben von Millionen, aber schlecht für die Milliardenprofite der Tabakindustrie. Also versuchte man Zweifel an der Faktenlage zu säen. Dass diese Lobbygruppe sich selbst als Institut bezeichnet, ist eine Beleidigung für alle wissenschaftlichen Institute. Nichtsdestotrotz ist das Heartland Institut inzwischen zu einer einflussreichen Kraft in der Klimawandelleugnerszene aufgestiegen und hat mit gezielten Falschinformationen teilweise erfolgreich die Stimmung zum Klimaschutz in den USA negativ beeinflusst.

Dem Einfluss und massiven Mitteleinsatz von Lobbygruppen wie dieser ist es u.a. geschuldet, dass sich die Republikanische Partei inzwischen komplett vom Thema Klimawandel abgewandt hat. Nun war diese Partei noch nie Vorreiterin der Klimagerechtigkeit, aber immerhin gab es eine Zeit in den USA, wo zumindest rhetorisch der Klimaschutz auch von einigen Republikaner:innen vertreten wurde und man die Hoffnung hegen konnte, dass ein direktes Leugnen des menschengemachten Klimawandels bald der Vergangenheit angehören dürfte. Diese Zeit ist vorbei. Der Clou ist, seit kurzem hat sich das Heartland Institut einem weiteren Ziel verpflichtet: der Untergrabung von wissenschaftlichen Erkenntnissen zu Covid-19. Wer also schon eine Weile den Verdacht hatte, dass es eine große Schnittmenge zwischen Coronaleugnern und Klimaleugnern[5] gibt, lag damit richtig. Bei der Coronaleugnung wie bei der Klimawandelleugnung geht es letztlich um die Ablehnung der Wirklichkeit, weil einem die möglichen Konsequenzen nicht passen. Die Leugnung des Klimawandels ist dann die vielleicht zugespitzte Form der Verdrängung der Folgen der Externalisierungsgesellschaft, d.h. dem Leben auf Kosten anderer.[6] Die Klimaleugnung hat für ihre Anhänger zumindest kurzfristig einen entscheidenden Vorteil: Wenn es den Klimawandel nicht gäbe, müsste man auch nichts infrage stellen. Anzuerkennen, dass die vorherrschende Art der Produktion und

---

[5] Im Fall dieser beiden Begriffe verzichten wir auf das Gendern, schließlich sind diese Szenen männlich dominiert. Natürlich sind dort auch viele Frauen aktiv. Doch da diese Szene der gendergerechten Sprache feindlich gegenübersteht, bedeutet das Engagement dort auch die Entscheidung dagegen, als Frau grammatikalisch in Erscheinung zu treten.

[6] Dieser Begriff wurde wesentlich von Stephan Lessenich in seinem Buch *Neben uns die Sintflut* (Berlin: Hanser 2016) geprägt, dessen zentrale These lautet: „Kapitalistische Gesellschaften sind Externalisierungsgesellschaften, allerdings in historisch wechselnder Gestalt und in immer wieder sich wandelnden Mechanismen." (S. 26). Und dies hat seinen Preis.

Konsumtion die Zukunft des Planeten oder zumindest des Lebens darauf, wie wir es kennen, gefährdet, ist hingegen folgenreich und müsste zu einem entschiedenen Kampf um eine grundlegende Veränderung führen. Das ist eine Konsequenz, die viele in ihrem Alltag schlichtweg nicht ziehen können oder ziehen wollen, was individuell durchaus verständlich sein kann, zumal wenn man schon so nur mit großen Anstrengungen über die Runden kommt. Es versperrt aber den Blick darauf, dass eine solidarischere Organisation des Zusammenlebens nicht nur notwendig ist, um die Krisen zu überwinden – sie hat sogar das Potenzial für die große Mehrheit zu einer lebenswerteren Zukunft zu führen. Der Durchsetzung einer solchen Erkenntnis stellen sich jedoch Lobbygruppen wie das Heartland Institut und die politischen Bewegungen und Parteien, die ihnen folgen, vehement entgegen. So verheerend und rückschrittlich dieser Ansatz ist, in einem tätigt diese Lobbygruppe eine bemerkenswert klare Analyse. Der britische Heartland-Stammgast James Delingpole bringt sie wie folgt auf den Punkt: „Die moderne Umweltschutzbewegung befördert erfolgreich Anliegen, die der Linken viel bedeuten: Umverteilung von Wohlstand, höhere Steuern, mehr Regierungseingriffe, Regulierung."[7]

Die in solchen Kreisen verbreitete Unterstellung, die Linken hätte den Klimawandel erfunden, ist so absurd, dass sie hier keiner Widerlegung bedarf. Sie

---

[7] Zitiert nach Klein, *Warum nur ein Green New Deal unseren Planeten retten kann*, S. 93.

lässt jeden wissenschaftlichen Standard vermissen. Sie ist genauso absurd wie die in der Coronaleugnerszene verbreitete Verschwörungstheorie, Bill Gates hätte Corona erfunden, um allen beim Impfen einen Chip einspritzen zu können. Doch in der Tat erfordert eine erfolgreiche Strategie zur schnellen Senkung der Infektionszahlen, wie sie beispielsweise bei #Zero-Covid entworfen wurde oder mit einem solidarischen Lockdown[8] eingefordert wurde, das Anerkennen der Bedrohungslage und die Bereitschaft, auch gegenüber den Konzernen verbindliche Vorschriften zum Infektionsschutz durchzusetzen. Ebenso erfordert konsequenter Klimaschutz Regulierung, Umverteilung und Begrenzung von Reichtum. Denn je reicher ein Haushalt, desto größer ist im Durchschnitt sein ökologischer Fußabdruck. Der Sechste Armuts- und Reichtumsbericht bringt das erneut auf den Punkt: Der Energieverbrauch der reichsten zehn Prozent ist fast drei Mal so groß wie der Energieverbrauch der ärmsten zehn Prozent der Bevölkerung.[9] Man wünschte sich, die gesellschaftliche Linke und die Umweltbewegung in all ihrer Breite würden den – wenn auch nicht spannungsfreien – Zusammenhang von Umverteilung und Klimaschutz stärker realisieren. Immer noch ver-

---

[8] Katja Kipping, Bernd Riexinger, Dietmar Bartsch u.a., „Für einen solidarischen Lockdown", https://www.die-linke.de/start/nachrichten/detail/fuer-einen-solidarischen-lockdown/ [Letzter Zugriff: 20.5.2021].

[9] Lebenslagen in Deutschland – der Sechste Armuts- und Reichtumsbericht der Bundesregierung, 2021, S. 348. https://www.bmas.de/SharedDocs/Downloads/DE/Soziale-Sicherung/6-arb-langfassung.pdf;jsessionid=DF08C5292F5CE516E4DD31AC3B7C7A7B.delivery1-replication?__blob=publicationFile&v=3, [Letzter Zugriff: 23.5.2021].

schwenden zu viele Linke und Ökolog:innen unnötig Zeit und Energie damit, einen Widerspruch zwischen Klimaschutz und sozialen Fragen stark zu machen und dann je nach eigener Priorität gegeneinander in Stellung zu bringen. Glücklicherweise schrumpft die Zahl derer, die das tun. Immer mehr setzen auf eine gemeinsame sozialökologische Agenda. Davon zeugen beispielsweise die gemeinsame Kritik des Paritätischen Sozialverbandes und des BUND Umweltverbandes am Konjunkturpaket der Bundesregierung oder die Annäherung zwischen der Gewerkschaft ver.di und Fridays for Future beim Streik um bessere Löhne für Busfahrer:innen[10] sowie die von Sozialverbänden und Umweltinitiativen gegründete Sozialplattform Klimaschutz „Sozial-ökologische Wende für alle".[11] Um es noch einmal zusammenzufassen: Nicht nur Klima- und Coronaleugner weisen Gemeinsamkeiten auf, auch beim Kampf gegen die Coronapandemie und gegen den Klimawandel ist dies der Fall. Wer die globale Erwärmung aufhalten will und die Infektionszahlen gegen null drücken möchte, braucht den Mut zur Regulation und die Bereitschaft, steuernd in die Wirtschaft einzugreifen. Wenn der Kampf gegen die globale Erwärmung und gegen das Virus dem Markt überlassen wird, wird er scheitern. Dann wird er zu einem *Warten auf Godot*, und der kam – zumindest in

---

[10] Anja Krüger, „Klima- und Arbeitskampf vereint", https://taz.de/Verdi-und-Fridays-for-Future-fuer-OePNV/!5667797/ [Letzter Zugriff: 20.5.2021].

[11] Union for Future, „Sozial-ökologische Wende für alle", Aufruf der sozialen Plattform Klimaschutz vom 26.11.2019. https://tk-it-nrw.verdi.de/themen-und-kampagnen/nachrichten/++co++9e8da6e0-10f0-11ea-abbc-525400f67940 [Letzter Zugriff: 23.5.2021].

dem Theaterstück von Samuel Beckett[12] – bekanntlich nie. Doch je länger das Notwendige verschleppt oder durch die Arbeit von Lobbygruppen hinausgezögert wird, umso härter und abrupter wird das Umsteuern ausfallen müssen. Es ist jetzt schon höchste Zeit zu handeln.

Gemeinsame Ursachen

Welche Konsequenzen sind aus einem epochalen Ereignis wie der Coronakrise zu ziehen? Die Deutungskämpfe haben begonnen. Zu den irrlichternden Versuchen gehörte die gleich im ersten Lockdown gestreute Behauptung, die Klimafrage müsse man nun hintanstellen, immerhin gäbe es jetzt wirklich wichtigere Probleme. Offensichtlich hofften einige darauf, dass sie das ihnen lästige Thema Klimaschutz loswerden könnten, das ihnen nicht nur in Talkshows, sondern auch zu Hause am Frühstückstisch von den eigenen Kindern immer wieder aufs Butterbrot geschmiert wird. Die Gefahren von Covid-19 mögen zumindest derzeit in Deutschland deutlich näher wirken als die Folgen des Klimawandels, doch das Schmelzen der Pole und Gletscher hört ja nicht auf, weil ein neues Virus wütet. Vielmehr gibt es einen direkten Zusammenhang zwischen unserem Umgang mit der Natur, unserer Art zu wirtschaften und dem Auftreten neuer

---

[12] Samuel Beckett, *Warten auf Godot*, in: *Dramatische Werke 1*, Frankfurt a.M.: Suhrkamp 1995, S. 9–99.

sogenannter zoogenetischer Erreger und den Krankheiten, die sie auslösen: „Mehr als zwei Drittel der Erreger, die Epidemien wie Ebola, Zika oder die Vogelgrippe auslösten, stammen ursprünglich von Wildtieren, die in tropischen Regionen heimisch sind. Werden diese Lebensräume zerstört, ‚führt das zu einem Verlust der Artenvielfalt und verändert die Zusammensetzung der Säugetierpopulationen‘, erklärt die Virologin Sandra Junglen[.] [...] ‚Wenn mehr Tiere einer Art im selben Lebensraum vorkommen, können sich Infektionskrankheiten zwischen den Tieren einer Art besser verbreiten.‘ Die verbliebenen Tiere verlagern außerdem ihre Lebensräume und nähern sich denen der Menschen an."[13] Je enger der Lebensraum für Wildtiere wird, je geringer die Biodiversität ist, umso eher kann ein Erreger auf den Menschen übergehen. Die Vernichtung von Ökosystemen macht unsere Welt krisenanfälliger. Und so gesehen können auch Pandemien, nicht nur Finanzkrisen, in die Kategorie der Krisen fallen, die durch das Wirtschaftssystem befeuert werden, auch wenn für die aktuelle Pandemie keine Bad Bank oder toxische Kreditgeschäfte direkt verantwortlich sind. Es ist also kein Zufall, wenn von heute aus betrachtet die Nachrichten der letzten 15 Jahre wie der Vorspann eines dystopischen Films wirken: Erst Finanzkrise, dann die zunehmenden weltweiten Fluchtbewegungen, die Gefährdung der

---

[13] Kathrin Hartmann, „Das kommt nicht von außen. Was Epidemien mit der Zerstörung intakter Ökosysteme durch den Menschen zu tun haben", *Der Freitag* 12/2020, https://www.freitag.de/autoren/der-freitag/das-kommt-nicht-von-aussen [Letzter Zugriff: 20.5.2021].

Demokratie von rechts, schließlich die in das öffentliche Bewusstsein brechende Klimakatastrophe, dazwischen immer wieder militärische Eskalationen und Aufrüstung – und nun solch eine massive Gesundheitskrise. Diese Ereignisse hängen auf komplexe Art zusammen und verstärken sich gegenseitig. Ohne die chronische Unterfinanzierung der Gesundheitssysteme wäre das Virus nicht so eine Gefahr. Ohne weltweiten Handel und Tourismus hätte es sich nicht so schnell verbreitet.

Die Corona- und die Klimaleugner haben also in einem recht: Wer nachhaltig den Klimakollaps vermeiden und Corona bekämpfen will, kommt an einer Jahrhundertaufgabe nicht vorbei – die Überwindung der herrschenden Wirtschaftsweise,[14] die auf der doppelten Ausbeutung von Mensch und Natur basiert. Wenn die Gesellschaft krisenfester ausgestaltet werden soll, muss das an den Wurzeln der Probleme geschehen. Das ruft naturgemäß Gegenwehr und Gegenwind hervor. Rechtspopulisten, Klimawandelleugner und Verschwörungstheoretiker zeugen davon, ebenso die Beharrungskräfte der Kapitalseite und des politischen Establishments, die es sich in ihrem Schatten bequem machen können. Das erfordert Mut zum

---

[14] In ihrer Komplexität beschreiben Ulrich Brandt und Markus Wissen die aktuellen Nord-Süd-Beziehungen und ihre Auswirkungen auf das Produktions- und Konsumverhalten der Menschen. Sie entwickeln damit ein einleuchtendes Bild einer doppelten Unterdrückungsstruktur für Menschen mit niedrigeren Einkommen einerseits und zwischen den Industrienationen und den Rohstoffe liefernden Ländern des Südens andererseits. Vgl. Ulrich Brandt, Markus Wissen, *Imperiale Lebensweise. Zur Ausbeutung von Mensch und Natur im globalen Kapitalismus*, München: oekom 2017.

Konflikt.[15] Die gute Nachricht ist, dass wir uns dabei von einem historischen Beispiel inspirieren lassen können.

---

[15] Diesen Ansatz verdanken wir dem lesenswerten Buch von Steffen Lehndorff, *New Deal heißt Mut zum Konflikt. Was wir aus Roosevelts Reformpolitik der 1930er Jahre heute lernen können*, Hamburg: VSA 2020.

3. MUT ZUM KONFLIKT:
DER HISTORISCHE NEW DEAL

Am Anfang war ein Paukenschlag

Die Amtszeit von Franklin D. Roosevelt begann mit einem Paukenschlag oder, besser gesagt, mit einem Aufschlag, der musikalisch an die aufbrausenden ersten Takte von Beethovens 5. Symphonie, auch bekannt als „Schicksalssymphonie", erinnert. Direkt nach seinem Amtsantritt ließ der neue Präsident alle Banken für vier Tage schließen. Diese Tage nutzte die Regierung, um die Stabilität der Banken zu prüfen und um der Bevölkerung zu erklären, wie sie die Ursachen der Bankenkrise beheben wolle. Roosevelt antwortete 1933 auf die Wirtschaftskrise in den USA mit einem New Deal, der die US-amerikanische Gesellschaft revolutionierte. Zur Erinnerung: New Deal hat im Englischen mehrere Bedeutungen: Es heißt nicht allein „neues Geschäft", ein sprichwörtlicher „Deal", sondern es meint umgangssprachlich auch ein „neues Geben" im Kartenspiel, also ein neues Spiel.

Dieser New Deal, diese Reihe an Programmen, ist eng mit dem Präsidenten Franklin D. Roosevelt verbunden, und sein Verdienst daran ist groß. Doch natürlich waren an diesem Prozess viele beteiligt. Stellvertretend für die vielen Beteiligten sei hier Frances Perkins erwähnt, die erste Ministerin in der Geschichte der USA. Als Arbeitsministerin kämpfte sie für besseren Schutz der Beschäftigten und für soziale Sicherheiten. Der schreckliche Brand in einer Textilfabrik im Jahr 1911 in New York, bei dem 146 Menschen, darunter vorrangig Mädchen aus Familien mit Migrationsgeschichte, starben, prägte sie nachhaltig. Ihr ganzes Leben lang setzte sie sich für bessere Arbeitsbedingungen und kürzere Arbeitszeiten ein. Auf Widerstände reagierte sie unerschrocken. Damit steht sie für einen wesentlichen Aspekt des historischen New Deal, so dass im Folgenden vom New Deal unter Roosevelt und Perkins die Rede sein wird.[1]

DAMNATION – Einblicke in eine streikreiche Zeit

Um das Ausmaß und die Bedeutung ihres Vorhabens wirklich erfassen zu können, gilt es, sich in die US-amerikanische soziale Realität der 1930er Jahre zurückzuversetzen. Faktisch gab es zu jener Zeit keine sozialen Sicherungsnetze. Rabiate und kaum begrenzte Ausbeutung herrschte vor. Farmer:innen drohte beständig der Verlust ihres Landes und damit ihrer Lebensgrundlage. Überall kam es zu Streiks, während die Konzerne und Unternehmen gezielte Methoden zur Niederschlagung dieser Streiks entwickelten. Nicht nur, dass sie verdeckt Streikbrechende einsetzten, sie heuerten auch Spione, Provokateure und kriminelle Schlägerbanden an, die

---

[1] Zumal sie nicht die einzige Frau war. Auffällig ist vielmehr, dass Roosevelts Wahlkampagne in der demokratischen Partei vor allem von der Frauenorganisation getragen wurde. 80 Prozent der Wahlkampfmaterialien über den New Deal kamen von diesen Frauenorganisationen, während viele der etablierten Männer im Wahlkampf zurückhaltend agierten. (Vgl. Ebd., S. 74)

mit Intrigen und gezielter Gewalt die Kämpfe um soziale Verbesserungen sabotierten. Die 2017 produzierte Fernsehserie DAMNATION fängt diese kriminellen Sabotagemethoden und Auseinandersetzungen gut ein.[2]

Im Zentrum der Serie stehen Seth und Amalia Davenport, die sich als ein Prediger und seine Ehefrau ausgeben, um, mit der Autorität der Kirche ausgestattet, die gebeutelten Farmersfamilien zum Widerstand gegen die Industriellen zu ermutigen. Filmisch bietet dieser Plot amüsante Episoden, wenn beim gemeinsamen Speisen in der Kirche die Worte der Bibel plötzlich eine aufrührerische Interpretation bekommen, die aber salbungsvoll von der Frau des Pastors in weißen Handschuhen vorgetragen werden. Ihre Gegenspieler:innen sind der auf sie angesetzte Streikbrecher Creeley Turner und die auf die Sabotage von Streiks spezialisierte Spionin Connie Nunn. Natürlich ist die Serie mehr als ein Sittengemälde der 1930er Jahre, dafür sorgen Szenen in Westernmanier und Handlungsverwicklungen im Stil eines Familiendramas; etwa wenn der alte Sheriff, der sein ganzes Leben lang Bessie, seine uneheliche Tochter mit einer Schwarzen Frau, verleugnete, zu ihrem Schutz als letzte Amtshandlung nach seiner Abwahl die Köpfe der örtlichen Ku-Klux-Klan-Variante (die schwarze Kapuzen tragende Schwarze Liga) erledigt. Zugleich vermittelt die Serie einen guten Eindruck von der sozialen Lage auf dem Land in den 1930er Jahren. Und tatsächlich orientiert sie sich am realen Streikgeschehen der US-ame-

---

[2] DAMNATION, Tony Tost, USA 2017/2018.

rikanischen Farmers' Holiday Association-Bewegung
aus den frühen 1930er Jahren.

Erfolge des New Deal

In diesem gesellschaftlichen Setting, angesichts einer
massiven Wirtschaftskrise, die unzählige Menschen
arbeitslos machte, wagten die New Dealer:innen einen
Aufbruch. „Give me your help not to win votes alone,
but to win in this crusade to restore America to its own
people."[3] Es geht nicht nur darum, Wählerstimmen,
sondern einen Kreuzzug zu gewinnen – so lautete
Roosevelts Ansage direkt nach der Nominierung 1932.
Er wiederholte dies vier Jahre später bei seiner berühmten Rede im Madison Square Garden.

Zu den ersten Beschlüssen seiner Regierung gehör-
ten Maßnahmen zur Regulierung des Bankensektors,
wie die Einführung eines Trennbankensystems. Dabei
handelt es sich um ein wichtiges Mittel, um Finanzmärkte gegen Krisen abzusichern. Die Abschaffung dieses Systems im Jahr 1999, ausgerechnet unter dem
demokratischen Präsidenten Bill Clinton, hat wahr-
scheinlich die Entstehung der Finanzkrise 2007 mit
befördert. Kurz darauf folgten Maßnahmen zur Regulierung des Marktes für Agrarprodukte wie die Siche-
rung eines Mindestpreisniveaus. Die Bedeutung dieses
Instrumentes wird auch in der Fernsehserie DAMNATION

---

[3] Franklin Roosevelt's Address Announcing the Second New Deal October 31,
1936, http://docs.fdrlibrary.marist.edu/od2ndst.html [Letzter Zugriff: 31.5.2021].

gut nachvollziehbar, da auf einprägsame Weise anschaulich wird, welche fatalen sozialen Auswirkungen das Fehlen eines Mindestpreisniveaus für die Farmerfamilien hatte.

Rund zehn Millionen Arbeitslose fanden im Zuge des New Deal eine Beschäftigung, unzählige Straßen und Häuser wurden gebaut. Zu den Erfolgen der Regierungsprogramme gehörte, dass ein Großteil der ländlichen Gebiete erstmals einen Anschluss ans Stromnetz erhielt. Von dem heute so notwendigen klimaneutralen Bauen war damals noch keine Rede. Allerdings würde man dem New Deal unrecht tun, wenn man ihn als reines Beton- und Zement-Projekt charakterisierte. Immerhin wurden 2,3 Millionen Bäume gepflanzt und achthundert neue staatliche Parks geschaffen.[4] Der Rückgang der Arbeitslosigkeit geht vor allem zurück auf die Civil Works Administration, also auf öffentliche Beschäftigungsgesellschaften, die neue Jobs im Zuge der vielen öffentlichen Baumaßnahmen schufen.

Heute müsste eine solche Arbeitsmarktpolitik natürlich viel weitergehenden Anforderungen an Sozialpflichtigkeit, Freiwilligkeit und guten Arbeitsbedingungen Rechnung tragen. Entscheidend für den Charakter des New Deal war aber der enorme Umfang der öffentlichen Investitionen. Innerhalb von sieben Jahren wurden 42 Milliarden US-Dollar eingesetzt.[5]

---

[4] Vgl. Klein, *Warum nur ein Green New Deal unseren Planeten retten kann*, S. 46.
[5] Price Fishback, Valentina Kachanovskaya, „The Multiplier for Federal Spending in the States during the Great Depression", *The Journal of Economic History* 75/1 (2015), S. 125–162.

Das entsprach damals pro Jahr ca. 7,5 Prozent des Bruttoinlandsproduktes. Übertragen auf Deutschland wären das heute rund 250 Milliarden Euro pro Jahr.[6] Zum Vergleich: Der gesamte Bundeshaushaltsplan für 2021 umfasst insgesamt 498,6 Milliarden Euro, also ungefähr das Doppelte. In einem Dreiklang aus sozialen Hilfen, staatlichen Investitionen und der Regulierung der Finanzmärkte holte das Team der New Dealer:innen um Roosevelt und Perkins nicht nur Millionen Menschen aus Armut und ökonomischer Unsicherheit, sondern stärkte zugleich auf Jahrzehnte das demokratische Gemeinwesen in den USA durch eine offensive Sozialpolitik. Damit immunisierte es die Gesellschaft auch gegen die Sirenengesänge faschistischer Demagog:innen.

Was (womöglich) abgewendet wurde

Auch in den USA gab es in den 1920er und 1930er Jahren starke extrem rechte Strömungen. Ein gutes Bild davon zeichnet der Schriftsteller Philip Roth in seinem 2004 erschienenen Roman *Verschwörung gegen Amerika*.[7] Roth entwirft eine erschreckend anders verlaufende Geschichte der USA. In dieser Fiktion gewinnt statt Roosevelt der Fliegerheld, Hitlerfreund und Antisemit Charles Lindbergh 1940 die Präsidentschaftswahlen. Welche Auswirkungen das auf die in den USA

---

[6] Im Jahr 2020 betrug das deutsche BIP 3332 Mrd. Euro im Jahr, 7,5 % wären dementsprechend 250 Mrd. Euro.

[7] Philip Roth, *Verschwörung gegen Amerika*, Reinbek: Rowohlt Verlag 2005.

lebenden Juden und Jüdinnen hat, wird im Roman aus der Perspektive des neun Jahre alten Sohns der jüdischen Familie Roth erzählt. Im Buch bleibt die Wahl von Lindbergh nicht ohne Auswirkungen auf den Verlauf des Zweiten Weltkrieges, da sich die USA in Richtung einer Achsenmacht entwickeln. Die antisemitische Stimmung im Land wird angeheizt.

Nicht nur heutige Schriftsteller entwerfen rückblickend solche politischen Horrorszenarien. Bereits in den 1930er Jahren schrieb der Literaturnobelpreisträger Sinclair Lewis seinen Roman *Das ist bei uns nicht möglich* (*It can't happen here*, im Original).[8] In Lewis' Roman übernimmt der frisch gewählte Präsident Berzelius „Buzz" Windrip nicht nur nach seiner Wahl das Weiße Haus, sondern mithilfe einer paramilitärischen Truppe, der Minute Men, die umfassende Kontrolle über das gesamte Land. Der Unmut über soziale Verwerfungen, der sich in der Liga der vergessenen Männer manifestiert, aber auch die Unfähigkeit der Demokrat:innen im Umgang mit diesen – all das spielt im Roman dem Kandidaten Windrip bei den Wahlen in die Hände. Insofern handelt dieses Werk auch von der „Krise des Liberalismus" in den 1930er Jahren.[9] Teile der Liberalen wiegten sich damals in Sicherheit, ignorierten die soziale Not und suchten noch nicht einmal nach einem erfolgversprechenden Umgang mit dem aufkommenden Faschismus. Auch wenn ein neues Jahrhundert angebrochen ist: Sich in falscher

---

[8] Sinclair Lewis, *Das ist bei uns nicht möglich*, Berlin: Aufbau 2017.

[9] Jan Brandt, „Nachwort", in: Sinclair Lewis, *Das ist bei uns nicht möglich*, Berlin: Aufbau 2017, S. 435–442, hier S. 440.

Sicherheit zu wiegen, kann immer noch zu einem bösen Erwachen führen.

Statt der versprochenen Mittel für Arme kommen unter Windrip Arbeitslager sowie Repressionen und Hinrichtungen für alle, die sich nicht einordnen wollen. Während Philipp Roth den sich schleichend ausbreitenden Antisemitismus in seiner Dystopie durch die Augen eines jüdischen Jungen beschreibt, steht im Mittelpunkt von Lewis' Roman der liberale Journalist Doremus Jessup. Er, der sich an guten Artikeln und kulinarischen Genüssen erfreut und so gar nicht zum tapferen Helden eignet, wird durch die Ereignisse in den Untergrund getrieben. Zwischendurch landet er im Gefängnis und muss nach seiner Befreiung ins Exil nach Kanada fliehen. Ob dieser Kampf im Untergrund erfolgreich ist, bleibt bei Lewis offen.

Wie *Verschwörung gegen Amerika* basiert auch Lewis' Roman auf intensiven Studien von realen politischen Akteuren. So gibt es Ähnlichkeiten zwischen dem fiktiven Windrip und dem demokratischen Senator und Präsidentschaftskandidaten Huey Long, der als radikaler Populist galt und sich den Ruf eines Hillbilly-Helden erwarb. Zudem wurde das literarische Schreiben von Lewis inspiriert durch die Beobachtungen und Analysen seiner damaligen Frau Dorothy Thompson, einer politischen Journalistin, die auch Adolf Hitler interviewte und die über die Fügsamkeit der Liberalen angesichts dieser Bedrohung zutiefst besorgt war.

Zum Glück handelt es sich sowohl bei der Wahl des Antisemiten Lindbergh wie bei der Machtübernahme durch Windrip nicht um Kapitel im Geschichtsbuch, sondern um literarische Fiktionen. Aber es sind Fiktionen, die zeigen, dass die Geschichte auch anders hätte laufen können – und es deshalb darauf ankommt zu handeln. Ob sich ohne den New Deal der tatsächliche Geschichtsverlauf den literarischen Dystopien angenähert hätte, ist eine rein spekulative Frage. Doch die Verantwortung dafür, dass die extreme Rechte niemals wieder die Chance bekommt, die Staatsmacht an sich zu reißen, tragen wir auch heute. Mit der Präsidentschaft Trumps war diese Gefahr in den USA bereits nahe gekommen.

Keine ungebrochene Held:innengeschichte

Der New Deal unter Roosevelt und Perkins war ein Produkt seiner Zeit. Das erklärt einige seiner Leer- und Schwachstellen.[10] Klimaschutz und Bewusstsein für die Endlichkeit von Ressourcen waren im politischen Diskurs wenig präsent. Insofern wurde mit den verschiedenen Programmen nicht vorrangig die Natur geschützt, als vielmehr der Ressourcenverbrauch angekurbelt. Hierin wie auch in anderen Aspekten entsprach der historische New Deal sehr deutlich einem traditionellen Produktivitätsparadigma. Entsprechend bestehen die Parallelen zwischen dem historischen New Deal und den aktuell diskutierten Green New Deals vor allem im Hinblick auf den Umfang des

[10] Vgl. Juliane Schumacher, *Green New Deals. Großer Wurf für den globalen Klimaschutz oder Update des kapitalistischen Modells. Eine Einführung*, Brüssel: Rosa-Luxemburg-Stiftung 2021, S.7ff.

Umbaus sowie in dem Bestreben, Krisen zu entschärfen. Wenig überzeugend ist hingegen die Kritik, der New Deal habe nur der Beruhigung der Arbeiter:innen gedient und damit eine antikapitalistische Revolution, die angesichts der vielen Streiks in der Luft gelegen habe, verhindert. Diese These ist schon angesichts der damals sehr realen Gefahr, dass die Stimmung in Richtung Faschismus kippt, höchst fragwürdig. Doch auch grundsätzlich ist es keineswegs ausgemacht, dass Verelendung zu Widerstand oder fortschrittlichen Positionen führt. Wenn man die Logik dieser Argumentationslinie konsequent zu Ende denkt, wäre jede Sozialkürzung ein Instrument gegen den Kapitalismus. Daraus kann keine produktive Strategie für fortschrittliche Kräfte entstehen. Lernen lässt sich aus einer solchen Kritik aber, dass sozialpolitische Maßnahmen nicht allein im Hinblick auf eine materielle Verbesserung zu diskutieren sind, sondern auch im Hinblick darauf, ob sie Menschen in die Lage versetzen, über ihr Leben weitergehend selbst zu bestimmen und ob sie Selbstorganisation und Solidarität befördern – oder eben nicht.

Verschiedene Green-New-Deal-Konzepte des 21. Jahrhunderts nehmen außerdem die Situation der Indigenen Bevölkerung in den Blick. Sie zielen auf die Anerkennung von Indigenen Landrechten und die Beendigung von rassistischen Diskriminierungen. Im New Deal vor 90 Jahren spielten die Wiedergutmachung des an den Native Americans begangenen Unrechts sowie die Überwindung des Rassismus noch keine Rolle. Vielmehr führten Staudammbauten wie das

Tennessee Valley Projekt zur Vertreibung von vielen Indigenen Familien. Die negativen Auswirkungen, die große Bauprojekte wie Autobahnen naturgemäß mit sich bringen, trafen weniger die Wohngegenden der Weißen, sondern zerschnitten vorrangig die Lebensorte der migrantischen Bevölkerung. Soziale Verbesserungen aus den New-Deal-Programmen waren wiederum so angelegt, dass Schwarze, Natives und People of Color oft ausgeschlossen waren. Das lag nicht daran, dass diese Programme offen rassistisch angelegt waren – damit würde man Roosevelt und Perkins unrecht tun –, sondern daran, dass sie den Lebensumständen dieser Gruppen nicht Rechnung trugen. Beispielsweise waren die neuen Sozialsysteme nicht zugänglich für Menschen in Haushaltsjobs. Just in diesem Sektor arbeiteten jedoch vorrangig Afroamerikaner:innen, die somit kaum von den sozialen Verbesserungen profitierten.

Den New Deal als lupenreine Held:innengeschichte zu erzählen wäre also historisch falsch. Und es würde uns den Blick auf wichtige Erkenntnisse verstellen, die sich – quasi *ex negativo* – aus ihm gewinnen lassen. Auf den Merkzettel für alle anstehenden sozialökologischen Umbaukonzepte gehört deshalb, dass die Rechte von Minderheiten, von Flüchtenden und Migrant:innen kein blinder Fleck sein dürfen. Die wichtigen Perspektiven, die diese Menschen in einen Green New Deal einbringen können, dürfen nicht ignoriert werden.

Wenn der Funke überspringt

Was sich vom New Deal unter Roosevelt und Perkins auf jeden Fall lernen lässt, ist die Entschlossenheit, an Widerständen nicht zu verzweifeln, sondern zu wachsen. Als die Kapitalseite und ihre Lobby den New Dealer:innen den Fehdehandschuh hinwarfen, ließen sie sich davon nicht einschüchtern. Stattdessen nahmen sie ihn auf. Besonders sicht- bzw. hörbar wurde das am 31. Oktober 1936. An diesem Tag machte Roosevelt im New Yorker Madison Square Garden eine klare Ansage – drei Tage vor Ende eines harten Wahlkampfes. Zu dieser Zeit griffen Rechte, Konzerne und die von ihnen kontrollierten Medien alle in der ersten Legislaturperiode seiner Präsidentschaft eingeführten Maßnahmen aggressiv an. Roosevelt reagierte darauf nicht mit Wegducken oder mit dem Versuch, hinter den Kulissen irgendwelche Kompromisse auszuhandeln. Vielmehr reagierte er kämpferisch: „Wir mussten mit den alten Feinden des Friedens ringen – Großkonzernen und Finanzmonopolen, Börsenspekulation, rücksichtslosen Banken, Klassenantagonismus, Partikularismus, Kriegsgewinnlertum. Sie hatten begonnen, die Regierung der Vereinigten Staaten als bloßes Anhängsel ihrer eigenen Angelegenheiten zu betrachten. Aber wir wissen inzwischen, dass eine Regierung des organisierten Geldes genauso gefährlich ist wie eine Regierung der organisierten Kriminalität. Niemals zuvor in unserer gesamten Geschichte waren diese Kräfte so vereint gegen einen einzelnen Kandidaten wie heute. Sie sind sich einig in ihrem Hass auf mich – und ich heiße ihren Hass willkommen!"[11] Roosevelt hielt seine Rede gegen den Rat einiger seiner engsten Berater:innen, die die offene Konfrontation mit den mächtigen Lobbygruppen scheuten. Doch er gewann die Wahl haushoch – mit dem bis dahin höchsten Stimmenerfolg der Demokratischen Partei bei einer Wahl.[12]

Roosevelt und Perkins mischten und verteilten die Karten tatsächlich neu und schrieben viele Spielregeln um. All das erforderte in der Auseinandersetzung mit der Kapitalseite und konservativen politischen Kräften enormen Mut zum Konflikt. Dabei setzten sie nicht allein auf energisches Regierungshandeln, sondern forderten die Gesellschaft selbst zum Engagement auf. Roosevelt verließ sich nicht ausschließlich auf seine Amtsmacht. Er wusste genau, dass er selbst als Präsident alleine niemals in der Lage sein würde, seine weitreichenden Sozialreformen durchzusetzen. Deshalb trafen sich die New Dealer:innen regelmäßig mit sozialen Interessengruppen und hatten dabei zudem die Courage, sich mit den reichen und mächtigen Lobbygruppen anzulegen. Was als offener Prozess einer Regierung startete, löste eine gesellschaftliche Dynamik aus, befeuerte den Kampfesmut bei Gewerkschaften und setzte künstlerische Kreativität frei. Bei einem Treffen mit dem Gewerkschaftler Sidney Hillman, der ihn 1932 nach seiner Wahl für ein Geset-

---

[11] Franklin D. Roosevelt, „Address Announcing the Second New Deal", 31.10.1936, in: Franklin D. Roosevelt Presidential Library and Museum.
[12] Vgl. Katja Kipping, *Neue linke Mehrheiten – Eine Einladung*, Hamburg: Argument 2020. S. 75.

zesvorhaben gewinnen wollte, soll Roosevelt daher gesagt haben: „Sie haben mich überzeugt. Jetzt gehen Sie raus und sorgen Sie dafür, dass ich es mache."[13] Es war dieses Wechselspiel zwischen einer entschlossenen Regierung mit dem Willen zu radikalen Reformen und gesellschaftlicher Mobilisierung, das den New Deal stark machte. Dieses Verständnis von gesellschaftlicher Veränderung ist ein wichtiger Aspekt, den wir auch in heutige Green-New-Deal-Konzepte übersetzen müssen.

Die Bereitschaft zum Konflikt und das Zusammenspiel mit der gesellschaftlichen Mobilisierung ermöglichten dem Team um Roosevelt und Perkins allen Widerständen zum Trotz grundlegende Verbesserungen durchzusetzen. Viele Jahrzehnte später konnte ihr New Deal deshalb als Inspiration angesichts einer erneuten Finanzkrise dienen.

---

[13] Zitiert nach Lehndorff, *New Deal heißt Mut zum Konflikt*, S. 41.

4. DIE KATASTROPHE ABWENDEN

Seit 2008 sind zahlreiche neue Ansätze, Konzepte und Ideen rund um den Begriff eines Green New Deal entstanden. Als Geburtsstunde gilt die Wiederentdeckung des New Deal durch die sogenannte Green New Deal Group in Großbritannien. Heute wird der Green New Deal weltweit und aus unterschiedlichen Perspektiven diskutiert. Dabei ist der Ideenreichtum genauso groß, wie es die Missverständnisse sind, die sich um den Begriff ranken – von zahlreichen Vereinnahmungsversuchen ganz zu schweigen. Während kapitalismusaffine Kräfte versuchen, den Begriff im Sinne eines grünen Kapitalismus zu besetzen, werden in der Linken weltweit vor allem die Begriffe Progressive New Deal, Red Green New Deal oder auch nur Red New Deal als Bezeichnung für einen grundlegenden Kurswechsel auf ökologischer und sozialer Ebene benutzt. Da sich aber auch diese Ansätze teilweise erheblich unterscheiden, spricht Juliane Schumacher in ihrer Studie in der Mehrzahl von „Green New Deals".[1]

Green New Deal in Reaktion auf die Finanzkrise

Auf dem Höhepunkt der Finanzkrise fand sich in Großbritannien eine Gruppe von Ökonom:innen und Journalist:innen zusammen, darunter auch Ann Petti-

---

[1] Vgl. Schumacher, *Green New Deals*, S. 7ff.

for, die seitdem maßgeblich mit ihrer ökonomischen
Expertise zur Entwicklung der Idee des Green New
Deal beiträgt. Sie versuchten einen Ausweg aus der
durch die Deregulierung der Finanzmärkte ausgelös-
ten Krise zu formulieren, wobei sie auch den Klimawandel bereits mit in den Blick nahmen. Dieses erste
unter dem Titel „Green New Deal" publizierte Projekt
orientierte sich in drei Punkten am historischen New
Deal unter Roosevelt und Perkins: *erstens* in der Wie-
dereinführung einer strengen Kontrolle der Banken
und ihrer Investitionen. So sollte in Anlehnung an das
historische Vorbild versucht werden, die für die
Finanzkrise verantwortlichen Banken unter Kontrolle
zu bekommen, ohne eine Verstaatlichung umsetzen zu
müssen. *Zweitens* wurden massive Investitionen in
öffentliche Infrastruktur vorgeschlagen, die zur Reduzierung von Erwerbslosigkeit durch Massenbeschäfti-
gung in diesen Vorhaben führen sollten. Durch diese
Maßnahmen sollte die Transformation der, insbesondere im Norden Englands, wirtschaftlich angeschlage-
nen Industriezweige vorangetrieben werden. Ein
Beschäftigungsprogramm nach dem Vorbild des New
Deal sollte zudem das Problem der in den deindustrialisierten Regionen besonders hohen Arbeitslosigkeit
entschärfen. *Drittens* wurde vorgeschlagen, im Zuge
dieser Transformation eine Dekarbonisierung in Gang
zu setzen, d.h. die CO_2-Emissionen drastisch zu sen-
ken. Die Grundidee dieses Green New Deal war, die
staatlichen Hilfen für eine radikale Veränderung der
Lebens- und Produktionsweise einzusetzen, um aus
der Finanzkrise nicht nur mit der Rettung der Banken

hinauszukommen. Dieses erste Green-New-Deal-Konzept, in dem anders als bei späteren Ansätzen die Kontrolle der Finanzmärkte noch ein zentraler Bestandteil ist, wurde hauptsächlich als linksliberales Konzept zur Einhegung der Finanzkrise diskutiert und errang über das Feuilleton des *Guardian* und der *New York Times* hinaus keine sehr breite Popularität.

Eine breitere Rezeption entstand erst im Kontext der Veränderung der Kräfteverhältnisse innerhalb der Demokratischen Partei in den USA und der Labour Partei in Großbritannien. Sowohl im Umfeld des sozialistisch orientierten innerparteilichen Präsidentschaftskandidaten Bernie Sanders als auch unter dem linksorientierten Labour-Vorsitzenden Jeremy Corbyn wurde die Idee des Green New Deal politisch konzipiert und im Rahmen von Kandidaturen und Wahlkämpfen popularisiert. Damit erfuhr der jüngere Green New Deal die Transformation von einem eher finanzpolitisch orientierten Konzept zu einem politischen Handlungsansatz, der für massenhafte Mobilisierung in linken Parteien und sozialen Bewegungen taugt. Der Bezug zum historischen New Deal spielt unter anderem deswegen eine große Rolle, weil der Ansatz aufgrund des Erfolges des New Deals als machbar und damit als weniger utopisch gesehen wird als andere Ansätze zur sozialökologischen Transformation.

Parallel zu den politischen Entwicklungen im angloamerikanischen Raum wurde jedoch auch die ökonomische Idee des Green New Deal von Ann Pettifor weiter ausgearbeitet. In ihrem 2019 vorgelegten Buch *The Case for the Green New Deal* entwirft sie das Kon-

zept einer radikalen Transformation der Finanzmärkte. Hier schreibt sie: „Um das Lebenssystem der
Erde zu schützen und damit eine radikale Transformation zu erreichen, müssen wir aus dem globalisierten,
emissionsausstoßenden Finanzsystem fliehen, welches dazu gemacht ist, Billionen Dollar für unregu-
lierte Kredite für angeblich unendlichen Konsum
bereitzustellen und diesen in wütende Treibstoff-
Emissionen umzuwandeln. Es handelt sich um ein
ökonomisches System, welches in einer relativ kurzen
Periode der Menschheitsgeschichte das natürliche
System der Erde zerstört hat."[2] Während bei den ersten Green-New-Deal-Konzepten um 2008 das Potenzial für gesellschaftliche Transformation zunächst
nicht im Zentrum stand, basiert Pettifors *The Case for
the Green New Deal* auf einer grundsätzlichen Kritik
der Reichtumsverteilung, die gesellschaftliche Hierar-
chien und Diskriminierung klar benennt: „Dank der
Abhängigkeit des Kapitalismus von einem System
angereichert von Imperialismus, Rassismus und Sexismus, werden alle menschlichen Gesellschaften zu
einer Art Sklaven dessen. Und nur einige haben ein
niemals zuvor gesehenes Kapital aus diesem System
erwirtschaftet. Sie sind die 1%."[3]

Pettifor kritisiert aber auch die Ökologiebewegung,
die viel zu lang so getan hätte, als könne die Umwelt
unabhängig vom dominanten Wirtschaftsmodell behandelt werden. Stattdessen beschreibt sie das globa-

---

[2] Ann Pettifor, *The Case for the Green New Deal*, London: Verso 2019, S. 12.
[3] Ebd., S. 13.

lisierte Finanzsystem als Ursache der Klimakrise und fordert eine Abkehr vom Primat des Wachstums. Kritiker:innen werfen Pettifor eine zu starke national-staatliche Orientierung vor. Es stimmt, dass ihr Ansatz erst mal den Rahmen für das Handeln innerhalb von Nationalstaaten setzt und die globalisierten Finanzmärkte als Hauptursache für die Klimakrise beschreibt. Gleichzeitig entwickelt Pettifor ein Modell, was sich auf das Handeln globaler Märkte und internationaler Organisationen übertragen lässt. Insofern kann man auch aus einer globalen Perspektive an ihren Überlegungen anknüpfen.[4]

Green New Deal *goes social*

Ab 2017/18 griffen soziale Bewegungen und Kandidierende der Demokratischen Partei in den USA und der Labour Partei in England verstärkt diese radikale, kritische Perspektive des Green New Deal auf, insbesondere das Sunrise Movement in den USA entwickelte den Green New Deal in Richtung einer Vision für gesellschaftlichen Umbau zum Aufhalten des Klimawandels. Landesweit bekannt wurde dieser Ansatz, als sich Alexandria Ocasio-Cortez dem Protest des Sun-

---

[4] Seit 2019 sind mit Naomi Kleins *Warum nur ein Green New Deal unseren Planeten retten kann* und Noam Chomskys und Robert Pollins Buch *Die Klimakrise und der Globale Green New Deal* weitere Werke erschienen, die in ihrem Entwurf eines Green New Deal eine kapitalismuskritische Perspektive einnehmen: Klein, *Warum nur ein Green New Deal unseren Planeten retten kann*; Noam Chomsky, Robert Pollin, *Die Klimakrise und der Globale Green New Deal. Die Politische Ökonomie zur Rettung unseres Planeten*, Münster: Unrast 2021.

rise Movements anschloss, nachdem die Aktivist:innen das Büro der demokratischen Abgeordneten und Abgeordnetenhaussprecherin Nancy Pelosi besetzt hatten. Ocasio-Cortez forderte gemeinsam mit ihrem demokratischen Abgeordnetenkollegen Ed Markey, die USA bis 2050 emissionsfrei werden zu lassen. Ocasio-Cortez fand dafür den Slogan: „Ein Green New Deal für alle. Praktisch. Machbar. Einladend." Anders als die Green-New-Deal-Überlegungen in Großbritannien nahmen Ocasio-Cortez und ihre Mitstreiter:innen bereits stärker einen gesamtgesellschaftlichen Umbau in den Blick, der um Fragen wie Zugang zu Bildung und Gesundheit ergänzt wurde, die aufgrund der herrschenden horrenden Ungerechtigkeit in den USA zentral waren. Ocasio-Cortez verstärkte auch den Aspekt der sozialen Gerechtigkeit durch ihren Vorschlag, sozial besonders verwundbare Gemeinden in den Blick zu nehmen. Der als Resolution 109 in den US-Kongress eingebrachte Vorschlag sieht eine schrittweise Reduktion der CO_2-Emissionen zwischen 40 Prozent und 60 Prozent in den USA bis 2030 vor. In der Resolution wird jedoch auch die ungleiche Reichtumsverteilung in den USA insbesondere zwischen weißer und Schwarzer Bevölkerung sowie zwischen Frauen und Männern thematisiert.[5] Damit wurde die soziale Ungleichheit und deren Verbindung mit dem

---

[5] „(3) the greatest income inequality since the 1920s, with— (A) the top 1 percent of earners accruing 91 percent of gains in the first few years of economic recovery after the Great Recession; (B) a large racial wealth divide amounting to a difference of 20 times more wealth between the aver-age white family and the average black family; and (C) a gender earnings gap that results in women earning approximately 80 percent as much as men, at the median;" https://

Klimawandel ins Zentrum des Green New Deal gerückt. Ein Beispiel hierfür sind die enormen Kosten und sozialen Folgen, die durch die in den USA in den vergangenen Jahren immer häufiger aufgetretenen Waldbrände entstanden sind.

Im folgenden Präsidentschaftswahlkampf nahmen alle demokratischen Kandidat:innen den Green New Deal auf die eine oder andere Art und Weise in ihr Programm auf. Nach der Niederlage Trumps hat auch der nicht zum linken Flügel der Demokraten gehörende neue Präsident Joe Biden drastische Maßnahmen und massive Investitionen zum Aufhalten des Klimawandels angekündigt. Inwieweit Bidens Programm wirklich eine radikale Umverteilung im Sinne des Konzepts von Ocasio-Cortez bewirken wird, ist fraglich. Dennoch konstatiert der britische Wirtschaftshistoriker Adam Tooze im *Guardian*, dass der Kampf gegen den Klimawandel, anders als in Großbritannien, ins Zentrum der Programmatik der Regierungsadministration gerückt ist.[6]

Corbyn tritt ab – die Green-New-Deal-Debatte bleibt

Dabei hätte es auch auf der Insel anders kommen können. Das Team von Ocasio-Cortez stand in engem Kon-

---

www.congress.gov/bill/116th-congress/house-resolution/109/text [Letzter Zugriff: 22.5.2021].
[6] Adam Tooze, „The Green New Deal's Time has come – but what happend to Labour's radicalism?", https://www.theguardian.com/commentisfree/2021/mar/11/green-new-deal-labour-left-politics [Letzter Zugriff: 20.5.2021].

takt zu einer Gruppe von Labour-Mitgliedern rund um den damaligen Labour-Vorsitzenden Jeremy Corbyn. Zeitgleich zu den Entwicklungen in den USA nahmen dadurch auch in Großbritannien die Kampagnen für einen Green New Deal an Fahrt auf. Im September 2019, als in Deutschland und weltweit die großen Fridays-for-Future-Schulstreiks organisiert wurden, waren wir als Vertreterin der deutschen Linkspartei sowie als Vertreterin der Rosa-Luxemburg-Stiftung in das englische Seebad Brighton auf den Parteitag von Labour eingeladen. Von der Tribüne konnten wir die hitzigen Debatten zum Wahlprogramm der Partei verfolgen, in denen es gelang, Gewerkschaften, Partei und die die Labour-Linke tragenden sozialen Bewegungen hinter dem Green New Deal als zentrales Programmelement zu versammeln. Anders als in der Resolution von Ocasio-Cortez in den USA wird der Green New Deal hier konkret anhand von Maßnahmen zur Gewinnung erneuerbarer Energien skizziert. Und während in den US-amerikanischen Vorschlägen der Schutz von Minderheiten eine besondere Rolle spielt, wird der Labour Green New Deal als ein explizit klassenpolitischer Ansatz entworfen. Davon ausgehend, dass der Klimawandel Arme schneller und stärker trifft, wurden drei zentrale Säulen entwickelt: „National Food Program": ein Programm zum Schutz der Gesundheit und der Verbesserung der Ernährung der gesamten Bevölkerung; „Just Transition": damit ist der rasche Umbau der maroden britischen Industrie gemeint; und „Just Adaption": die Entwicklung von Maßnahmen gegen bereits beginnende Folgen des Klimawandels, wie Landverlust, Wasserknappheit usw.[7] Auch werden arme, bereits von Arbeitslosigkeit oder den Folgen des Klimawandels betroffene Menschen und Gemeinden besonders in den Blick genommen. Im 2019 verabschiedeten Parteiprogramm wurde der Green New Deal verankert und mit Forderungen wie freiem Zugang zu Bildung und anderen sozialpolitischen Themen verbunden. Die Labour Partei verwendete für das Konzept in ihrem Wahlprogramm auch den Begriff *Green Industrial Revolution*. Diese Bezeichnung sollte im Anschluss an die historische industrielle Revolution, die ebenfalls in England ihren Anfang nahm und insbesondere für das Bewusstsein der englischen Arbeiterklasse von zentraler Bedeutung ist, signalisieren, dass besonders die Menschen, die vom Wegfall bestimmter Industriezweige im Zuge der langen Deindustrialisierung betroffen sind und den Übergang zu grünen Technologien deshalb zunächst als Grund für weiteren Abbau fürchten, im Mittelpunkt der Überlegungen stehen und es hier zu einem neuen Aufbruch kommen kann. Doch Labour verlor die Wahl unter anderem durch den Verlust zahlreicher Mandate im Norden des Landes. Die Niederlage geht als das Fallen der sogenannten *Red Wall*, der fast ein Jahrhundert sicheren Mehrheit für die Labourpartei in Zentral- und Nordengland in die Geschichte ein. Boris Johnson kann in der Folge Großbritannien ohne Rücksicht auf Verluste aus der EU führen. Corbyn tritt

---

[7] Labour for a Green New Deal, www.labourgnd.uk [Letzter Zugriff: 20.5.2021].

zurück, den Labour-Vorsitz übernimmt der mehr ins politische Zentrum orientierte Keir Starmer.

Schuld am Wahlausgang waren jedoch nicht das Green-New-Deal-Konzept von Labour und sein klassenpolitischer Ansatz. Im Gegenteil: Problematisch war vielmehr, dass diese durchaus populären Inhalte eines sozialökologischen Umbaus in dieser Wahl nicht ausschlaggebend waren. Das alle Debatten dominierende Thema Brexit entschied schließlich den Wahlausgang. Der abwägende, auch uneindeutige Kurs der Labour-Führung konnte dem nationalistisch-rechtspopulistischen Kurs von Boris Johnson und seinem entschiedenen Auftreten, das sich in dem Slogan „Brexit – let's get it done" verdichtete, nichts Entscheidendes entgegensetzen.

Der Green New Deal bleibt aber Kernelement linker Verständigung in Großbritannien. Große Teile der Gewerkschaften haben erkannt, dass diese Idee bestehende Arbeitsplätze sichern und neue Arbeitsplätze schaffen kann. Umweltpolitische Konzepte wie „Just Transition" werden als Teile einer solchen Politik rezipiert. Auch in der Ära nach Corbyn bleibt der Green New Deal deshalb Gegenstand der Mobilisierung insbesondere linker Bewegungen, an der – ähnlich wie für die neue US-Administration beschrieben – die neue Labour-Führung nicht mehr vorbeikommen sollte. In den USA werben für den Green New Deal starke Akteur:innen, wie die aus linksstehenden Abgeordneten bestehende Vierergruppe „The Squad", der neben Alexandra Ocasio-Cortez noch Ilan Ohar, Ayanna Pressley und Rashida Tlaib angehören. Ob sich in

Großbritannien ebenfalls so starke und prominente Unterstützung für einen Green New Deal organisiert, ist noch offen.

Die Forderung, die Finanzsysteme stärker zu kontrollieren, wie es im historischen New Deal in den USA und den ersten Vorschlägen der Green New Deal Group der Fall war, findet in die neueren Ansätze des Green New Deal weniger Eingang. Dies kritisiert unter anderem Ann Pettifor, die die Erfahrungen aus den Wahlkämpfen in den USA und Großbritannien als enttäuschend bezeichnet, da weder Sanders noch Corbyn den Blick ausreichend auf den Einfluss der internationalen Finanzsysteme richten würden.

In der deutschen Linken wird ebenfalls diskutiert, ob der Green New Deal den sperrigeren Begriff der sozialökologischen Transformation ablösen kann. Während Bernd Riexinger in seinem Buch *System Change* für einen *linken Green New Deal* wirbt,[8] spricht Raul Zelik in *Wir Untoten des Kapitals* vom *Grünen Sozialismus*.[9] Auch wir haben lange um die passenden Begriffe gerungen. Zunächst erschien *Red Green New Deal* am besten zu beschreiben, was erreicht werden soll: ein radikaler Umbau, sozial und ökologisch, die kapitalistische Wirtschaftsweise überwindend, hin zu einer gerechteren, ökologischen Gesellschaftsordnung. Zum einen wird das Adjektiv „red" jedoch im Kontext der aktuellen New-Deal-Debatten bereits von Indigenen Aktivist:innen in den USA und Kanada

---

[8] Riexinger, *System Change*.
[9] Raul Zelik, *Wir Untoten des Kapitals. Über politische Monster und einen grünen Sozialismus*, Berlin: Suhrkamp 2020.

genutzt und bezeichnet dort einen spezifischen Ansatz. Zum anderen ruft Rot-Grün in Deutschland schnell Assoziationen zur Regierungskoalition ab 1998 auf, deren Ergebnisse nun wahrlich nicht im Sinne des Green New Deal waren. Letztlich geht es darum, einen Green New Deal im Sinne eines Zukunftspakts auszugestalten. Im Begriff Pakt schwingen dabei auch Überlegungen zu einem neuen Gesellschaftsvertrag mit. Als Zukunftspakt verweist dieses Projekt auf das Versprechen, Klimaschutz und sozialen Schutz zu verbinden. Ein solcher Ansatz zieht die richtigen Konsequenzen aus dem Coronaschock: Er macht die Gesellschaft widerstandsfähiger auch im Hinblick auf kommende Krisen und ist als Zukunftspakt auch als ein Vertrag zwischen den Generationen angelegt.

Bei allen Unterschieden in Kontext, Stil und Methode stehen bestimmte Themen im Zentrum aller Green-New-Deal-Konzepte: die Dekarbonisierung zum Stopp der Erderwärmung, die Schaffung öffentlicher CO_2-neutraler Infrastruktur und die Reduzierung von Erwerbslosigkeit. Im Green New Deal sollte es zudem explizit um die Herstellung sozialer Gerechtigkeit, den freien Zugang zu öffentlicher und kollektiver Infrastruktur, zu günstigem Wohnraum und medizinischer Versorgung gehen. Zur Finanzierung eines so umfangreichen Programms ist eine deutliche Umverteilung durch Besteuerung von Reichtum und Profiten notwendig.

Der Green New Deal als Vorschlag zur Implementierung von Maßnahmen ermöglicht die Planung konkreter Schritte. Das in den USA entstandene Sunrise

Movement verfolgte beispielsweise einen Fünf-Schritte-Plan, um für sein Konzept zu mobilisieren. Ziel war es, den Green New Deal einerseits einer breiten Öffentlichkeit bekannt zu machen und ihn andererseits dafür zu nutzen, um für den US-amerikanischen Präsidentschaftswahlkampf zu mobilisieren.[10]

Solche kleineren und größeren diskursiven Siegeszüge beweisen zumindest, dass der Green New Deal zahlreiche Gruppen und Akteur:innen bewegen kann. Das Konzept eines Green New Deal, wie es sich mittlerweile herauskristallisiert hat, bezieht sich auf diese Ansätze und beinhaltet dabei ein festes Set an Maßnahmen. In der Ausgestaltung mal mehr, mal weniger radikal verfolgt er immer das Ziel einer grundlegenden Veränderung des Umgangs mit natürlichen Ressourcen und das Ziel des wirtschaftlichen Umsteuerns.

Gemeinsamkeiten bisheriger Konzepte

1,5 Grad Celsius Erderwärmung und keinen Schritt weiter![11] Dieses Ziel teilen alle Green-New-Deal-Ansätze, ebenso wie die Vorgabe, dass langfristig nicht mehr Kohlenstoff ausgestoßen werden darf, als natürlich wieder verarbeitet werden kann. Hierfür wird insbesondere auf den Ausbau erneuerbarer Energien

---

[10] Vgl. https://www.sunrisemovement.org/?ms=SunriseMovement-WeAreThe-ClimateRevolution [letzter Zugriff 2.6.2021]

[11] Mit dem 1,5-Prozent-Ziel ist die im Rahmen des Klima-Abkommens von Paris getroffene Vereinbarung zahlreicher Staaten gemeint, die Erderwärmung im Zeitraum zwischen 1850 (Beginn der Industrialisierung) und 2100 auf 1,5 Grad zu beschränken.

gesetzt. Ein weiteres Kernthema sind die massiven Investitionen. Milliarden sollen dafür eingesetzt werden, um klimaschädliche und teilweise marode Infrastruktur zu ersetzen, denn in vielen Industrienationen ist die im Zuge der Industrialisierung geschaffene Infrastruktur inzwischen veraltet und bedarf einer umfassenden Modernisierung.

In historischer Kontinuität mit dem New Deal ist so ziemlich jedes Green-New-Deal-Konzept mit der Schaffung neuer Arbeitsplätze zum Bau der Infrastruktur und der Transformation der Industrie verknüpft. Was bei Roosevelt und Perkins über die Work Progress Administration, die Millionen von Menschen beschäftigte, organisiert wurde, wäre im Green New Deal etwa eine „staatliche Jobagentur für gesellschaftlichen Umbau".[12] Die Vorschläge, mit welcher Ausrichtung die Schaffung von Arbeitsplätzen erfolgen soll, variieren jedoch in den jeweiligen Ansätzen deutlich. So ist in einer frühen, britischen Variante die Rede davon, dass eine sogenannte *Carbon Army* aufgestellt werden soll, eine Kohlenstoffdioxid-Armee von Hunderttausenden Arbeiter:innen, um das geplante ökologische Aufbauprogramm durchzuführen.[13] Das Projekt DIEM25 wiederum spricht in seinem Green New Deal for Europe (GNDE) von einer europäischen Agentur mit dem Namen Green Public Works (GWP). Der zen-

[12] Vgl. Schumacher, *Green New Deals*, S. 24.
[13] The Green New Deal Group, *A Green New Deal. Joined-up policies to solve the triple crunch of the credit crisis, climate change and high oil prices. The first report by the Green New Deal Group*, New Economics Foundation 2008, https://neweconomics.org/uploads/files/8f737ea195fe56db2f_xbm6ihwb1.pdf [Letzter Zugriff: 22.5.2021].

trale Unterschied liegt dabei in der transnationalen Bezugnahme. Während sich das britische Konzept eher am nationalen Rahmen orientiert, bezieht sich DIEM25 positiv auf die europäische Ebene. Klar ist jedoch in allen Ansätzen, dass es sich um gut bezahlte, staatlich finanzierte Arbeitsplätze handeln soll.

Hier muss der Green New Deal auf sein Potenzial hin untersucht werden, die zwischen Gewerkschaften und Umweltbewegungen immer wieder aufflammende Kontroverse zwischen der Erhaltung von qualifizierten Arbeitsplätzen auf der einen und der ökologischen Transformation auf der anderen Seite aufzulösen. Eine Antwort auf die anstehenden Umbrüche in der Arbeitswelt stellt das Weiterbildungsgrundeinkommen dar, welches später im Text diskutiert wird. Prozesse, die z.B. unter der Bezeichnung *Just Transition* skizziert werden und auf die Verstärkung der Bindekraft von Regionen zielen, bei der die Beziehungen der Regionen untereinander gestärkt und die Wirtschaftsleistung ausgeglichen wird, könnten hier einfließen.

Nur wenige Ansätze thematisieren bisher konsequent die Frage, inwieweit der Green New Deal als Motor für Veränderung klassischer Lohnarbeitsmodelle genutzt werden könnte. Nur im *Pacto Ecosocial del Sur* und im GNDE von DIEM25 werden bisher die Vier-Tage-Woche und ein Grundeinkommen gefordert. In Spanien startet mit Unterstützung der Regierung bereits ein Pilotprojekt zur Vier-Tage-Woche, welches im Herbst 2021 beginnen soll. Vor allem in den USA wurde die Idee des Green New Deal von Sanders und Ocasio-Cortez mit der Einführung kostenloser

Bildung und staatlicher Gesundheitsversorgung verknüpft. Sie forderten die Schaffung von Millionen Arbeitsplätzen im Care-Bereich, anstatt diese in der Produktion anzusiedeln. Solche Ansätze müssen auch vor dem Hintergrund der Erfahrungen in der Coronapandemie weiter ausgebaut werden.

Kein New Deal ohne entsprechenden Umfang

In Analogie zum New Deal und angesichts der notwendigen sozialökologischen Veränderungen sind in den bisherigen Konzepten mindestens fünf Prozent des Bruttoinlandsprodukts pro Jahr im Gespräch, um einen Green New Deal zu finanzieren. Für Deutschland würde das einer Summe von rund 170 Milliarden Euro[14] pro Jahr entsprechen. Um diese enorme Summe einmal ins Verhältnis zu setzen: Die Ausgaben für Bundeswehr und Aufrüstung liegen in der Bundesrepublik Deutschland für das Jahr 2021 bei 47 Milliarden Euro. Für den deutschen Sonderfonds zur Rettung der Banken wurden 2008 kurzfristig 80 Milliarden Euro zur Verfügung gestellt. Mit etwas mehr als dem dreifachen Umfang des jährlichen Rüstungsetats ließe sich die Umsetzung eines Green New Deal in Deutschland also finanzieren. Allerdings müsste diese Summe etwa zehn Jahre hintereinander jährlich aufgewendet werden. Woher soll dieses Geld kommen? Nun gibt es

---

[14] Fünf Prozent vom BIP im Jahr 2020 entsprechen genau 166,6 Mrd. Euro. Allerdings ist 2020 das BIP coronabedingt um fünf Prozent gesunken.

Bereiche mit Einsparpotenzial. Der bereits angesprochene Verteidigungshaushalt springt als Erstes ins Auge. Die Aufrüstungsverpflichtungen der NATO wird sich Deutschland schlichtweg nicht leisten können, wenn es sozialökologisch umsteuern will. Diese Verpflichtungen besagen, dass Deutschland zwei Prozent des BIP pro Jahr in Aufrüstung investieren muss. Je nachdem, wie hoch das jährliche Bruttoinlandsprodukt ausfällt, sind das insgesamt 65 bis 70 Milliarden Euro pro Jahr. Diese enormen Kosten sowie auch verschiedene andere Prestigeobjekte gehören auf den Prüfstand.[15]

Es existieren aber auch unterschiedliche Vorschläge für Finanzierungsmechanismen, beispielsweise eine Umschichtung des Staatshaushaltes, Finanzierung über Steuern oder eine neue *environmental demage tax* (GNDE). So gäbe es enorme Einnahmequellen, wenn Millionengewinne, Millionenerbschaften und Millionenvermögen stärker besteuert würden.

Pettifor verweist zudem darauf, dass Staaten jährlich Milliarden durch Steuerflucht und Steuerhinterziehung verloren gehen, die durch strengere Prüfung für den Green New Deal verwendet werden könnten.

---

[15] Interessanterweise begann Roosevelt, dessen New Deal mit enormen staatlichen Investitionen einsetzte, seinen Kampf um die Präsidentschaft damit, teure Rituale infrage zu stellen. Anstatt wie bisher üblich erst Wochen nach seiner Nominierung erneut alle zu einer Zeremonie zusammenzuholen, bat er die Delegierten einfach einen Tag länger zu bleiben, um Geld zu sparen: „It is customary to hold formal notification ceremonies some weeks after the convention. This involves great expense. Instead may I ask the convention to remain in session tomorrow that I may appear before you and be notified at that time." The Presidency: The Roosevelt Week, July 11, 1932, http://content.time.com/time/subscriber/article/0,33009,743953,00.html [Letzter Zugriff: 20.5.2021].

Eine CO_2-Steuer, wie sie im Vorschlag der britischen Green New Deal Group und des GNDE enthalten ist, wird hierzulande von vielen eher kritisch gesehen. Als Verbrauchssteuer könnte sie Geringverdiener überdurchschnittlich belasten, während sie auf das für den CO_2-Ausstoß zentrale Konsumverhalten der Reichen kaum Einfluss hätte. Neben klassischer staatlicher Neuverschuldung gibt es die Idee, sogenannte „Grüne Staatsanleihen" zu nutzen. Dafür werden Staatsanleihen zur Investition angeboten, deren Erlöse zweckgebunden sind und nur in ökologische Vorhaben investiert werden können. Dieses Instrument könnte in kleinerem Rahmen sowohl in Deutschland als auch auf europäischer Ebene als Eurobonds umgesetzt werden.

Zudem bringt die Gruppe um Pettifor auch eine Erhöhung der Geldmenge ins Spiel. Hierfür würden die Zentralbanken in den Dienst des Green New Deal gestellt werden. Die wirtschafts- und finanzpolitische Umsetzung des Green New Deal ist, wie Juliane Schumacher beschreibt, „[...] auch eine Entscheidung für eine andere Wirtschafts- und Währungspolitik" als die derzeit dominante.[16] Blickt man nach Deutschland und Europa, so wäre ein Green New Deal wohl in vielen Fällen durch ein Umlenken in den jeweiligen Staatshaushalten realisierbar. Schumacher erkennt im Green New Deal eine Rückkehr zur keynesianischen Wirtschafts- und Währungspolitik westlicher Volkswirtschaften zwischen den 1930er und 1970er Jahren.

---

[16] Schumacher, *Green New Deals*, S. 45.

Durch die zentrale Rolle des Staates im Green New Deal würde eine klare Abkehr von den neoliberalen wirtschafts- und ordnungspolitischen Ansätzen vollzogen.[17] Dieser keynesianische Ansatz wird allerdings auch von links gelegentlich hinterfragt, weil er zwar den sozialen Ausgleich und staatliche Ausgaben ins Zentrum stellt, aber dennoch auf einer deutlichen Maximierungsorientierung basiert: Er geht von einer auf Wachstum orientierten Wirtschaftsweise aus und stellt die Grundzüge des Kapitalismus nur teilweise infrage, auch wenn mit einem Green New Deal die staatliche Kontrolle des Marktes deutlich ausgeweitet würde. Unter anderem aus diesen Gründen war anfangs das Verhältnis zwischen Verteter:innen eines Postwachstumsansatzes und denen, die für einen Green New Deal eintraten, unklar. Doch inzwischen zeichnen sich hier neue Allianzen ab.

Green New Deal versus Postwachstum – ein auflösbarer Widerspruch

Das Potenzial der Green-New-Deal-Programme für eine grundlegende Kritik an globalen Machtstrukturen spricht auch Vertreter:innen der Postwachstums-

---

[17] In Anlehnung an keynesianische Ansätze wird davon ausgegangen, dass der Staat aktiv in eine Krise eingreifen muss, indem er Kredite aufnimmt, um die Wirtschaft anzukurbeln, und durch zusätzliche Steuereinnahmen kann dann die Krise überwunden werden. Problematisch ist dabei, dass die eingesetzten staatlichen Mittel häufig im Nachhinein wieder eingespart werden sollen.

debatte an.[18] Sie erkennen, dass die überzeugenden Green-New-Deal-Konzepte die derzeitige Wirtschaftsweise und die damit verbundenen Machtverhältnisse mit der ökologischen Krise in ihrem kausalen Zusammenhang zeigen und so eine breitere Anschlussfähigkeit erzeugen. Genau dieser Zusammenhang ist Ausgangspunkt des Postwachstumsansatzes, der besagt, dass beides zusammen – also kapitalistisches Wachstum *und* das Aufhalten der menschengemachten Erderwärmung und der Zerstörung der Natur – trotz aller wichtigen Konzepte (und teilweise Fantasien) zu nachhaltiger Produktion, grüner Technologie oder gar Climate-Engineering nicht zu haben ist. Wachstumskritisch gestaltet, so lautet dann das Argument, könne der Green New Deal die notwendige sozialökologische Transformation einleiten.

Zwar haben Verfechter:innen einer Postwachstumsgesellschaft, die in den vergangenen Jahren die Klima- und Umweltbewegung mit prägten, immer noch Vorbehalte. Schließlich sei eine Fortsetzung der kapitalistischen Wachstumslogik auch mit einem Green New Deal nicht explizit ausgeschlossen, der immerhin ein massives Konjunkturprogramm als zentrales Instrument enthält. Und es stimmt, dass die politischen Konzepte von Labour und Ocasio-Cortez keine explizit wachstumskritische Perspektive einnehmen. Es wird

---

[18] Vertreter:innen des Postwachstums setzen sich für ein Ende der massiven Nutzung von Roh- und Naturstoffen und damit auch ein Ende der Politik ständig wachsender Volkswirtschaften ein. Konsum und gegebenenfalls auch Transport und Logistik, die hohe Emissionen verursachen, müssten hierfür eingeschränkt werden.

aber andersherum auch nicht offensiv grenzenloses Wachstum propagiert. Es ist gerade eine der Stärken des Green-New-Deal-Ansatzes, dass er auch denen, die sich im Glaubenskrieg Wachstum versus *Degrowth* ansonsten unversöhnlich gegenüberstehen, einen gemeinsamen Bezugspunkt anbietet. „Gekoppelt wird ein Schuh draus", argumentieren Elena Hofferbeth und Matthias Schmelzer und gehen sogar so weit, anzunehmen, dass der Green New Deal als politisches Programm anschlussfähiger und populärer als Postwachstumskonzepte sei.[19] Im Kontext der weiterschwelenden Wirtschaftskrise und ohnehin stagnierender Wachstumsraten stellt sich die Frage nach der zukünftigen Entwicklung von Volkswirtschaften jedenfalls dringlicher denn je.

Die Ökonomen Tilman Santarius und Steffen Lange beschrieben bereits zu Beginn der Coronapandemie, dass zum ersten Mal in der Geschichte demokratisch organisierter Marktwirtschaften durch Regierungen entschieden worden sei, diese Marktwirtschaften in eine Art „Wachkoma" zu versetzen. Dass sei ein absolutes Novum. Basierend auf einer Prognose des Imperial College in London, welches bereits im Frühjahr 2020 voraussagte, dass sich die Kontaktbeschränkungen und deren wirtschaftliche Folgen mindestens zwei Jahre hinziehen werden, gehen Santarius und Lange davon aus, dass die Folgen für die betroffenen Volkswirtschaften immens sein werden. Da herkömmliche

---

[19] Elena Hoferbeth, Matthias Schmelzer, „Gekoppelt wird ein Schuh draus, Green New Deal versus Degrowth", *politische ökologie* 4 (2019), S. 31–38, hier S. 31.

fiskalische Mechanismen wie die Schaffung von er-
höhter Liquidität durch günstige Kredite der Zentralbanken nicht ausreichen werden, schlagen sie vor, die
Wirtschaft insgesamt auf einem niedrigeren Niveau
stabil zu halten. Aus volkswirtschaftlicher Sicht wäre
dies auch ohne Wachstum möglich. Werden diese
Überlegungen mit den am Green New Deal orientierten Investitionsprogrammen gekoppelt, könne es auch
auf volkswirtschaftlicher Ebene zum „Einpendeln auf
niedrigerem Niveau" kommen. Schumacher konstatiert dazu, dass eine gewisse Ehrlichkeit den Green-
New-Deal-Konzepten guttun würde. Sie müssten offen
eingestehen, dass die reichsten ein bis zehn Prozent der
Menschen, unter ihnen in den Industrienationen auch
viele Green-New-Deal-Befürworter:innen, zur Abwendung der Erderwärmung über 1,5 Grad Celsius hinaus
Einschnitte auch in ihrer Lebensweise hinnehmen
werden müssen. Aus linker Perspektive ist die Debatte
um das Postwachstum nicht einfach. Denn alle Appelle
zur Reduktion des eigenen ökologischen Fußabdrucks
sollten daraufhin geprüft werden, wie sie in den Ohren
derjenigen klingen, die noch nicht einmal über die
nötigen Mittel verfügen, sich ihre dringendsten alltäg-
lichen Wünsche zu erfüllen. Hier ist immer wieder die
Klarstellung nötig, dass Klimaschutz nicht das kollektive Frieren der Ärmsten zur Folge haben darf. Auch
vor diesem Hintergrund zeigt sich die Notwendigkeit
einer konsequenten Umverteilung.

Der Politologe Gareth Dale argumentiert, dass sich
fortschrittliche Strömungen, die sich auf Green New
Deal und *Degrowth* beziehen, in vielen Punkten über-

schneiden, da sie auf Selbstorganisation und Konzepte und Praktiken feministischer Ökonomien setzen und das gute Leben für alle als Ziel sehen. Wird das Streben nach einem Green New Deal als breit getragener Pakt zur Verhinderung des Klimawandels verstanden, nehmen die Postwachstumsakteur:innen die zentrale Rolle ein, an die Notwendigkeit einer tatsächlich ressourcenschonenden Welt zu erinnern. Denn nur wenn sich möglichst alle Volkswirtschaften in der Summe auf einen geringeren Ressourcenverbrauch und weniger Emissionen einpendeln, wird die Überlebensperspektive für kommende Generationen gesichert.

Die Annäherung zwischen dem Ansatz des Green New Deal und dem der Postwachstumsgesellschaft ist allein schon deswegen interessant, weil sich hier verschiedene politische Ansätze nicht mehr unversöhnlich gegenüberstehen, sondern deren Vertreter:innen gemeinsam versuchen, Lösungsansätze zu formulieren, die mehrheitsfähig sein können. In den letzten Jahren wurde dabei deutlich, dass ein konkretes Ziel und Vorgehen, wie es mit dem Green New Deal verbunden ist, in der Lage ist, verschiedene Akteure und Akteurinnen zusammenzubringen. Innerhalb der Labour-Partei ist ein solcher Zusammenschluss zwischen Gewerkschaften und sozialen Bewegungen gelungen.

Red Deal – Schutz Indigener Lebensräume und alternative Perspektiven auf Gesellschaft

Der Red Deal wurde als Erstes von der US-amerikanischen Bewegung Red Nation ins Spiel gebracht. Zahlreiche Indigene Organisationen, die ihre besondere Beziehung zum jeweiligen natürlichen Umfeld betonen und ihr politisches Programm dabei als „Revolutionären Sozialismus" bezeichnen, entwerfen ein radikales Bild einer Zukunft, in der insbesondere die Auseinandersetzung mit der kolonialen Vergangenheit sowie ökologische und queerfeministische Themen Platz haben. In den Manifesten von Red Nation entsteht so das Bild einer Indigenen Räterepublik. Wie bei vielen Bezugnahmen auf den Green New Deal im Rahmen des Sunrise Movements spielt auch bei Red Nation der aus der Entwicklungspolitik der 1990er und 2000er Jahre bekannte Slogan „think global – act local" (also: denke global, handle lokal) eine wichtige Rolle. Indigene Bewegungen und lokale Gruppen sehen im Anschluss an einen Green New Deal die Möglichkeit, Partizipation auf lokaler Ebene zu ermöglichen, die durch staatliche Programme unterstützt wird. Naturschutz zum Erhalt des indigenen Lebensraums spielt in diesen Ansätzen ebenfalls eine entscheidende Rolle. Der Red Deal erinnert in vielen Aspekten an das in Lateinamerika weit verbreitete Konzept des *Buen Vivir*, des guten Lebens. Im Zentrum des *Buen Vivir* steht dabei weniger das gute Leben für Einzelne, sondern eine höhere Lebensqualität für alle, die nur in sozialen Gruppen und im Einklang mit der

Natur denkbar ist. Es geht um die Erreichung einer neuen Hegemonie, die auf Vielfalt basiert. Die unterdrückenden Erfahrungen und das fortgesetzte Erbe des Kolonialismus abzustreifen, spielt dabei auch für das *Buen Vivir* eine entscheidende Rolle.[20]

Anders als in den Green-New-Deal-Konzepten, wie sie primär für die westlichen Industrienationen konzipiert wurden, ist Natur in diesen Kontexten nicht nur etwas, was mit Industrie und Ressourcennutzung in Einklang gebracht werden muss, sondern Lebensraum. Es gilt, die Lebensräume vor dem Zugriff kapitalistischer Verwertungslogik zu schützen. Ein wichtiges Beispiel für einen solchen Widerstand sind die Proteste gegen die Coastel Gas Link Pipeline im kanadischen British Columbia, die 2016 begannen. Im Zuge der Mobilisierung gegen den Bau dieser Pipeline warb die Gruppe Peoples Green New Deal Madison mit dem Slogan „Green New Deal to the Red Deal: The Fight for Native Liberation". Das zeigt, dass der Green New Deal schon jetzt als gemeinsame Basis für verschiedene zielgerichtete emanzipatorische Kämpfe genutzt wird.

Die Resolution, die 2019 u.a. von Ocasio-Cortez verfasst wurde, greift die Rolle Indigener, Schwarzer und migrantischer Menschen sowie People of Color, die in deindustrialisierten Gebieten leben, im Rahmen ihres Vorschlags für einen US-amerikanischen Green New Deal gezielt auf. Darin fordert sie, gegenwärtige Diskriminierungsmechanismen aufzuheben, zukünftige

---

[20] Vgl. Thomas Fatheuser, *Buen Viver. Recht auf gutes Leben*, Berlin: Heinrich Böll Stiftung 2011.

Diskriminierung zu vermeiden und vergangenes Unrecht wiedergutzumachen.[21]

So betrachtet, bietet der Green New Deal auch einen Ansatzpunkt für die viel diskutierte Frage nach dem Verhältnis von Partei-, Bündnis- und Identitätspolitik. Das Beispiel von Red Nation und des sehr konkreten Kampfs gegen den Bau der Gaspipeline im eigenen Lebensumfeld wird auf Grundlage der Ideen des umfassenden Green New Deal formuliert. Entsprechend handelt es sich nicht allein um den Kampf für die Rechte einer bestimmten Gruppe, sondern um einen Bestandteil einer inklusiven Vorstellung von gesellschaftlicher Veränderung, deren Teil der einzelne Kampf ist – gleichwohl zugleich ein bestimmtes (Etappen-)Ziel verfolgt wird. Diesem Ansatz folgend beziehen sich mehr und mehr Gruppen auch außerhalb der USA auf den Green New Deal, um für den Erhalt ihrer Umwelt zu kämpfen. Jedenfalls nimmt die Rezeption dieser Ansätze auch in Lateinamerika und Afrika deutlich zu.

Was sich in Deutschland zunächst weit weg anhören mag, kommt uns in Wirklichkeit auch in unserem täglichen Leben sehr nah. Denn Deutschland bezieht seine Energie auch aus solchen Großprojekten und Öl- oder Gaspipelines. Durch den Welthandel ist die Welt verbunden, und Energieverbrauch und Konsum in den westlichen Industrienationen sind der Grund für die Zerstörung der Lebensgrundlagen (nicht nur) Indi-

---

[21] Alexandria Ocasio-Cortez, Ed Markey, „The Green New Deal", www.brightest.io/green-new-deal/ [Letzter Zugriff: 20.5.2021].

gener Gruppen. Die Nachfrage nach Fleisch und Soja in Europa und die Abholzung des Regenwaldes in Lateinamerika hängen ebenfalls eng miteinander zusammen. Inzwischen sind aber auch hier die Folgen des Klimawandels direkt zu spüren. Die Insolvenzen in der deutschen Landwirtschaft infolge der letzten Dürrephasen zeigen, dass wir schlicht nicht mehr so tun können, als gäbe es ein Außen, das uns nicht betrifft.

Die globale Dimension des Green New Deal

Die ersten Green-New-Deal-Ansätze um Ann Pettifor wurden – wie oben ausgeführt – eher aus einer nationalstaatlichen Perspektive heraus entwickelt. So lautet auch eine der lauteren, linken Kritiken am Green New Deal, es handele sich um einen Plan, der allein für westliche Industrienationen und aus ihrer Perspektive sinnvoll ist. Doch die Weiterentwicklung der Ansätze in einer Vielzahl von Staaten und auf verschiedenen Kontinenten verstärkte mit den Jahren eine internationale Ausrichtung. So plädieren die Wissenschaftlerinnen und Menschenrechtsaktivistinnen Harpreet Kaur Paul und Dalia Gebrial in ihrem jüngsten Buch für einen globalen Ansatz: „Aktivist:innen und Politiker:innen aus Nordamerika und Europa haben wichtige Visionen entwickelt, wie ein solches Programm auf nationaler Ebene umgesetzt werden könnte – aber die Geschichte des Klimawandels ist global und deswegen müssen auch seine Lösungen global sein."[22]

Diesem Plädoyer schließen wir uns an: Die Vermeidung des Klimaschocks sowie das dafür nötige wirtschaftliche Umsteuern bedürfen der globalen Kooperation. Der globale Green New Deal muss dabei nicht bei null anfangen, sondern kann auf schon existierenden Mobilisierungen aufbauen. Ausgehend von den seit 2018 spürbaren Entwicklungen in den USA und Großbritannien hat die weltweite Unterstützung für einen Green New Deal zugenommen: 150 Organisationen in Kanada sprechen sich in einer Petition dafür aus. Viele Gruppen und Parteien in Japan, Frankreich, Finnland, Spanien und Australien, Österreich und der Schweiz haben sich auf das Konzept bezogen. Die Partei DIEM25 entwickelte einen *Green New Deal for Europe*. Fortschrittliche Parteien und Personen, darunter auch Politiker:innen der Partei Die Linke, greifen den Green New Deal in programmatischen Texten auf. Und mittlerweile beziehen sich die meisten dieser Ansätze auf den Green New Deal als ein Projekt umfassender Gesellschaftsveränderung.

All diese Ansätze haben einen komplett anderen Charakter als der von der deutschen EU-Kommissionspräsidentin Ursula von der Leyen ausgerufene „Green Deal". Sie versuchte den Begriff für ein niedrigschwelliges EU-Subventionsprojekt in regenerative

---

[22] Harpreet Kaur Paul, Dalia Gebrial, „Climate Justice in a Global Green New Deal", in: dies. (Hg.), *Perspectives of a Global Green New Deal*, London: Rosa-Luxemburg-Stiftung 2021, S. 7–14, hier S. 9.

Energien zu kapern, das nichts mit der hier beschriebenen Idee des Green New Deal zu tun hat.

Eine globale Perspektive für einen Green New Deal muss zwischen zwei Ansprüchen ausbalanciert werden: zwischen der äußerst charmanten Eigenschaft des Green New Deal, vergleichsweise konkret zu sein und sich daher gut für eine breite Mobilisierung zu eignen einerseits und der Fähigkeit, zum Teil sehr unterschiedliche Perspektiven verbinden zu können andererseits. Hierfür gilt es zunächst einen klaren Rahmen zu setzen, auf welcher gemeinsamen Basis die regional und politisch unterschiedlichen Ansätze gedacht werden können. Damit das Verbindende zum Tragen kommt und damit es gelingt, die verschiedenen Akteur:innen zusammenzubringen, gilt es die Kritik an Rassismus, Kolonialismus und Ungleichheit zwischen den Geschlechtern als grundlegende Perspektiven einzubeziehen.

Tatsächlich zeigen einige Green-New-Deal-Konzepte in der Frage, woher die enormen Mengen an Rohstoffen, Mineralien und Seltenen Erden zum Beispiel für die Produktion von Batterien und Akkus für Elektrofahrzeuge kommen sollen, Leerstellen auf. Abgebaut werden viele dieser Rohstoffe – oft unter brutalen Verhältnissen – im globalen Süden. Das verweist auf eine dringend nötige Weiterentwicklung des Green-New-Deal-Ansatzes für globale Wertschöpfungs- und Lieferketten. Denn natürlich besteht die Gefahr, dass zwar eine Umstellung auf „grünes" Wirtschaften und erneuerbare Energien stattfindet, aber die globalen Ausbeutungsverhältnisse und die Externalisierung der Naturzerstörung dabei weitgehend unangetastet bleiben.

Ein globaler Green New Deal stellt daher auch die globalen Machtkonstellationen und Kräfteverhältnisse sowie die aktuellen Handlungsmöglichkeiten der internationalen Organisationen infrage, in deren Rahmen internationale Umweltpolitik und Klimaschutz stattfinden. Denn betrachtet man die Green-New-Deal-Konzepte durch die Brille der Klimagerechtigkeit und globaler sozialer Gerechtigkeit, wird deutlich, dass es bei diesen transformatorischen Projekten immer auch um die planetaren Grenzen und den gerechten Beitrag der Industrienationen für die Rettung des Klimas gehen muss. Ein erster Schritt hierfür wäre das Eingeständnis, dass der Wohlstand der westlichen Welt nur durch Kolonialismus und neokoloniale Verhältnisse, durch die Ausbeutung von Ressourcen und Arbeitskräften insbesondere in anderen Teilen der Welt erreicht werden konnte. Ebenfalls müssen Fragen nach der Kompensation ökologischer Schulden sowie nach den Ursprüngen der multiplen Krisen unserer heutigen Zeit Bestandteil progressiver Green-New-Deal-Konzepte sein. Erste Ansätze hierzu gibt es bereits: Die oben beschriebenen Diskussionen um einen „Red Deal" in den USA verknüpfen den dortigen antikolonialen Kampf der Native Americans mit intersektionalen Forderungen und gehen so weit, ein Ende des von ihnen so bezeichneten „Capitalism-Colonialism" zu fordern.

Die in den letzten Dekaden praktizierte internationale Umweltpolitik hat hierzu jedoch wenig beigetragen. Durch Mechanismen wie den Emissionshandel konnten sich reiche Staaten immer wieder auf Kosten ärmerer Länder aus ihren klimapolitischen Verpflichtungen freikaufen. Seit Beginn der 2000er Jahre setzte sich leider auch in der internationalen Umweltpolitik die Maxime durch, dass effektiver Umweltschutz am besten durch Marktanreize und damit innerhalb der Logik des kapitalistischen Wirtschaftens zu erreichen sei. Das hat dazu geführt, dass die Hauptverursacher der Emissionen, die Konzerne, nicht oder nur zu wenig auf den Klimaschutz verpflichtet wurden. In der Einführung ihres Buches *Perspectives of a Green New Deal* arbeiten die Autorinnen Paul und Gebrial heraus, dass Abkommen und Rahmenverträge allein nicht ausreichen werden, um die Erderwärmung innerhalb der nächsten zehn Jahre so zu begrenzen, dass die Klima-Kipppunkte, an denen kein Gegensteuern mehr möglich ist, weil die Auswirkungen aufs Klima unumkehrbar sind, vermieden werden. Nur wenn der globale Norden seinen Teil der Aufgabe wirklich übernähme, könne dies gelingen. Dafür müssten mehr faire Klimakredite vergeben, der Zugriff auf Land überdacht, Nahrungsmittelgerechtigkeit hergestellt und die Ressourcen, das Know-how, die Patente für grüne Technologien für die Länder bereitgestellt werden, die dies besonders brauchen.[23]

Um einen globalen Green New Deal zu erreichen, bedarf es entsprechend internationaler Zusammenarbeit und Organisationen, die einerseits die Vorhaben

[23] Ebd., S. 12.

des Green New Deal umsetzen und implementieren und zum anderen die Finanzierung für die Länder sichern, die einen Green New Deal umsetzen wollen, sich das aber nicht leisten können. Das bedeutet auch, dass sich die Finanzierungsmechanismen auf globaler Ebene ändern müssen, denn die neue Verschuldung armer Staaten ist natürlich nicht anzustreben. Auf europäischer Ebene und in der UNO müssen Institutionen geschaffen werden, die den Green New Deal umsetzen und begleiten. Anders als zur Zeit läge aber darin auch die Chance, nicht einfach nur weitere teure Bürokratien zu schaffen, sondern auszuarbeiten, wie eine Umsetzung ausgestaltet werden kann, die sich an den realen Bedürfnissen der jeweiligen Kommunen und Regionen orientiert und so, wenn richtig gestaltet, auch zu mehr Mit- und Selbstbestimmung führt.

Green New Deal auf Feministisch

Bisher wird fast nirgendwo auf der Welt eine Finanz-, Wirtschafts- oder Sozialpolitik betrieben, die sich konsequent am Ziel der Geschlechtergerechtigkeit orientiert. Umso wichtiger sind einige ermutigende vorsichtige Ansätze in diese Richtung, wie beispielsweise in Finnland und Island, wo Ministerpräsidentinnen regieren, die sich selbst als feministisch begreifen. Die finnische Mitte-links Regierungskoalition besteht vor allem aus Frauen und fördert engagiert Projekte zur Gleichstellung. Dort sind Frauen weitgehend ökonomisch gleichgestellt, die Elternzeit wurde deutlich verlängert. Doch nicht nur in Europa finden sich positive Beispiele. So hat die hawaiianische Regierung einen Aktionsplan aufgelegt, der unter anderem eine universelle Grundsicherung, kostenlose Kinderbetreuung für bestimmte Berufsgruppen und eine Grundsicherung für Alleinerziehende vorsieht. Diese Maßnahmen sollen die absehbaren Folgen der Coronapandemie abmildern und darüber hinaus grundlegende sozialpolitische Verbesserungen bewirken.[24] Auch Jacinda Ardern, derzeitige Premierministerin Neuseelands, beschreibt sich selbst als Feministin und verfolgt stringent eine Politik der Gleichstellung und der Einbeziehung Indigener Gruppen. Diese Beispiele zeigen, dass bestimmte Aspekte eines umfassenden Green New Deal bereits umgesetzt werden, indem gleichstellungspolitische Forderungen mit dem Schutz von Lebensräumen verbunden werden.

Die Überschneidung zwischen feministischen Analysen und den Green-New-Deal-Debatten als Plan für eine grundlegende gesellschaftliche Umgestaltung sind besonders im Bereich der Pflege- und Care-Arbeit offensichtlich. So gehören die Aufwertung und gerechtere Verteilung dieser Tätigkeiten zu den besonderen Anliegen vieler feministischer Initiativen. Mehrere Green-New-Deal-Konzepte sprechen sich wiederum dafür aus, mit den geplanten Investitionsprogrammen besonders mehr Stellen im Pflege- und Gesundheitsbereich zu schaffen.

---

[24] Mara Dolan, „Hawaii Considers an Explicitly Feminist Plan for COVID-Era Economic Recovery", https://portside.org/2020-05-27/hawaii-considers-explicitly-feminist-plan-covid-era-economic-recovery [Letzter Zugriff: 20.5.2021].

Mit der Coronakrise rücken auch feministische Aspekte der politischen Ökonomie verstärkt in den Fokus. In den USA beispielsweise hat sich im Zuge der Pandemie ein Kollektiv für einen feministischen Green New Deal gegründet, welches ein konsequent intersektionales Herangehen fordert. Das Adjektiv „intersektional" zielt hier darauf ab, dass die unterschiedlichen Perspektiven in der Gesellschaft und die verschiedenen strukturellen Benachteiligungen, die in ihr herrschen, in ein gesellschaftsveränderndes Projekt einbezogen werden müssen, wenn sie nicht erneut reproduziert, also wieder hergestellt werden sollen – zumal sie zuvor bestehende blinde Flecken aufdecken können. Diesem Ansatz gilt es ebenfalls als unabdingbar, die fortschreitende Privatisierung und Kommerzialisierung von natürlichen Ressourcen und öffentlicher Daseinsfürsorge zu beenden. Die Transformation hin zu einer sozial gerechten, geschlechtergerechten, menschenrechtsbasierten Gesellschafts- und Wirtschaftsform wird dabei verknüpft mit den Kämpfen gegen die Unterdrückung Indigener Gruppen, gegen Rassismus und gegen patriarchale sowie LGBTIQ-feindliche Politikstrukturen.[25]

In der feministischen Ökonomie werden dabei bereits seit den 1990er Jahren verstärkt Ideen diskutiert, bei denen das Mensch-Natur-Verhältnis im Zentrum steht. Diese Ansätze basieren jedoch eher auf der Idee von Subsistenzwirtschaft und sind schwer auf

---

[25] Die Abkürzung LGBTIQ bezieht sich auf die englischen Begriffe für Lesbian, Gay, Bisexual, Trans, Intersexual, Queer (lesbisch, schwul, bisexuell, trans*, inter*, queer). Sie soll die geschlechtliche und sexuelle Vielfalt abbilden.

moderne, vor allem urbane Lebensräume zu übertragen. Anders verhält es sich mit den neueren feministischen Initiativen, in denen seit einigen Jahren der Ruf nach einer sogenannten „Care-Revolution"[26] laut wird. Sie soll Sorge- und Reproduktionstätigkeiten aufwerten, die im Kapitalismus in der Regel als „weiblich" gegenüber der sogenannten produktiven Arbeit, die wiederum eher „männlich" konnotiert ist, abgewertet wird. Zudem soll im Zuge einer solchen Care-Revolution die Bedürfnisbefriedigung in den Mittelpunkt der gesellschaftlichen Organisation gestellt werden. Hier oder auch in der von Frigga Haug geprägten Vier-in-einem-Perspektive werden die Grundlagen von Pflege- und Sorgearbeit neu diskutiert. Die Vier-in-einem-Perspektive zielt etwa darauf ab, dass im Leben von Männern und Frauen gleichermaßen Zeit und Raum ist für vier gleichwertige Tätigkeitsfelder: erstens Erwerbsarbeit, zweitens Familien- oder Sorgearbeit, drittens gesellschaftliche oder politische Einmischung und viertens Arbeit an sich selbst, vorstellbar als Muße oder Beschäftigung mit Kunst.[27]

Mit dem Green New Deal bietet sich die Möglichkeit, über diese Ausgestaltung der Pflege- und Sorgearbeit sowie über die Verteilung der Tätigkeiten zu diskutieren und diese feministischen Ansätze noch stärker konzeptionell mit den Forderungen der Klima-

[26] Dieser Begriff wurde in die feministischen Debatten durch Gabriele Winker mit ihrem gleichnamigen Buch eingeführt. Vgl. Gabriele Winker, *Care Revolution. Schritte in eine solidarische Gesellschaft*, Bielefeld: transcript 2015.
[27] Frigga Haug, *Die Vier-in-einem-Perspektive. Politik von Frauen für eine neue Linke*, Hamburg: Argument 2009.

bewegung zu verschränken. Denn ein gesellschaftlicher Umbau, der nicht nur die Grundlagen für eine klimaneutrale Zukunft, sondern auch Reichtumsverteilung und Geschlechtergerechtigkeit in den Blick nimmt, wird, anders als sein historisches Vorbild, der New Deal unter Roosevelt und Perkins, auch langfristig eine Grundlage zum Überleben aller schaffen.

Interessanterweise waren es weltweit gerade feministische Stimmen, die während der Coronakrise, als zunächst die weltweiten Bewegungen gegen den Klimawandel und mit ihnen auch die Gespräche um den Green New Deal leiser zu werden schienen, die Verwobenheit der Krisen thematisierten. Diese Stimmen, beispielsweise in der britischen Initiative Building back better, waren es, die auf der weiterhin bestehenden Dringlichkeit im Kampf gegen den Klimawandel insistierten und zudem den direkten Zusammenhang zwischen der Bekämpfung der Pandemie und dem Klimawandel herausarbeiteten. Gerade angesichts der Konsequenzen der Pandemie plädierten sie für eine neue Form der Infrastruktur. Diesen Gedanken hat auch die Women's Budget Group aufgegriffen und dabei gefordert, diese Neugestaltung von Infrastruktur gendergerecht zu gestalten.[28] Insbesondere der Einfluss der starken feministischen Bewegungen in Lateinamerika hat die Verbindung von Themen der Sorgearbeit z.B. im Pflege- und Gesundheitssektor mit der Bekämpfung des Klimawandels hergestellt. Ge-

---

[28] Women's Budget Group, *What would a Feminist Green New Deal Look like?*, https://wbg.org.uk/wp-content/uploads/202%5/A-Feminist-Green-New-Deal. pdf, 2020, [Letzter Zugriff: 22.5.2021].

meinsam ist all diesen Stimmen, dass sie anknüpfend an konkrete und alltägliche Probleme am Grundlegenden rütteln. So tragen sie wichtige Perspektiven zu einem konkreten Plan bei, der auf die Umsetzung einer Utopie zielt.

5. GREEN NEW DEAL ALS ZUKUNFTSPAKT: KONKRETER PLAN FÜR EINE UTOPIE

Der Zukunftspakt, der sich aus all diesen Debatten herauskristallisiert, ist also ein zugleich pragmatischer wie radikaler Plan für einem umfassenden Gesellschaftsumbau. Er hat das Ziel, unsere Zukunft auf diesem Planeten abzusichern und dabei auch die Sorgen der Gegenwart, ihre Härten und Ungerechtigkeiten abzubauen. Es geht um eine Gesellschaftsveränderung, damit alle ein sicheres Morgen haben. Und diese Veränderung muss mit einer Verbesserung für die Vielen heute beginnen. Alles andere wäre zynisch gegenüber den Menschen und ihren Alltagssorgen. Mit anderen Worten: Es geht darum, dass sich niemand mehr zwischen der Sorge, über den Monat zu kommen, und der Sorge um die Zukunft des Planeten und unseres Lebens auf ihm entscheiden muss.

In den vergangenen Jahren wurden in Politik, Wissenschaft und sozialen Bewegungen umfassende Konzepte vorgelegt und die Dringlichkeit ihrer Umsetzung begründet. Einige wurden in den vorangegangenen Kapiteln vorgestellt und skizziert. Ihr großes Verdienst ist, dass sie die Debatte um den sozialökologischen Umbau befeuert und der gesellschaftlichen Fantasie Futter gegeben haben. Es gibt keinen Mangel an inhaltlichen Konzepten.[1] Allerdings: Umgesetzt wurde

---

[1] Vgl. unter anderem Schumacher, *Green New Deals*.

bisher viel zu wenig, wie in Kapitel 7 diskutiert werden soll. Im Folgenden sollen zunächst einige wichtige konkrete Elemente eines solchen Umsteuerns vorgestellt werden. Das Ziel der folgenden Seiten besteht nicht in Vollständigkeit. Wir möchten aber Lust machen auf das Denken von Veränderungen, die mit Verbesserungen für die Vielen beginnen. Diese Lust und Neugier erscheinen uns eine wichtige Voraussetzung zu sein, um im Anschluss die entscheidende Frage in Angriff nehmen zu können: Wie setzen wir das um?

Regionale Wirtschaftskreisläufe und globale soziale Rechte

Unser Wirtschaftssystem ist ausgerichtet auf eine ständige Steigerung der Profite. Dieses Gewinnstreben hat zur Vernutzung fossiler Energieträger, zu weltweiter Arbeitsteilung und zu gigantischen globalen Lieferketten geführt, die ungeheure ökologische Folgekosten verursachen. Ein Viertel aller schädlichen Emissionen ist heute auf die globalen Warenströme zurückzuführen.

Sicherlich gibt es Bodenschätze, die nur an einigen wenigen Orten zu finden sind. Diese müssen, so sie notwendig sind, transportiert werden. Doch die Menge an Gütern, die täglich rund um den Globus befördert wird, hat ein Ausmaß angenommen, das sich nur mit dem Bestreben, die Gewinne zu maximieren, erklären lässt. Es gibt keinen vernünftigen Grund, warum die berühmt-berüchtigten Joghurtbecher sowie die Zutaten für den in ihnen enthaltenen Jogurt erst Hunderte, sogar Tausende Kilometer zurücklegen müssen, bevor sie im Supermarkt landen.[2] Es gibt keinen vernünftigen Grund dafür, dass Gemüse, das auch vor Ort angepflanzt werden kann, von anderen Kontinenten importiert wird – außer eben das Interesse einiger weniger am Profit.

Um Missverständnisse zu vermeiden, es geht hier ausdrücklich nicht darum, gegen den Verzehr von Grapefruit oder Mangos zu polemisieren, die nun mal nicht in heimischen Gärten wachsen. Vielmehr richtet sich unsere Kritik gegen eine Produktionsweise, die auf enorm langen Transportwegen basiert, obwohl diese Produkte wenn nötig oft auch regional hergestellt und vermarktet werden könnten.

Ein besonders auffälliges Beispiel für solche unnötig langen Transportwege findet sich in der Pharmaindustrie. In den 1990er Jahren war Europa führend in der Produktion von pharmazeutischen Wirkstoffen. Aus Gründen der Kostenersparnisse und der dort herrschenden laxeren Umweltstandards wurde deren Produktion zum Großteil nach China und Indien verlagert. Spätestens mit Beginn der Coronakrise wurde jedoch deutlich, wie groß bei den Wirkstoffen für Antibiotika, Heparin und dem für Betäubungsmittel wichtigen Stoff Midazolam die Abhängigkeit von medizinischen Produktionsstätten in Asien ist.[3] Inzwischen

[2] Stefanie Böge, „The well-travelled yogurt pot: lessons for new freight transport policies and regional production", http://www.eco-logica.co.uk/pdf/wtpp01.1.pdf [Letzter Zugriff: 22.5.2021].
[3] Inga Klees, Matthias Pöls, „Wichtige Medikamente", https://www.mdr.de/nachrichten/deutschland/politik/medikamente-produktion-china-europa-deutschland-100_page-0_zc-6615e895.html [Letzter Zugriff: 20.5.2021].

schwant deshalb selbst konservativen Politikern wie dem CDU-Vorsitzenden und Kanzlerkandidaten Armin Laschet, dass dieses Outsourcing gefährlich sei für „die europäische Souveränität."[4]

Beim Green New Deal, wie wir ihn hier skizzieren, geht es nun ausdrücklich nicht um ein ideologisches Zurück hinter den nationalen Tellerrand. Was Green-New-Dealer:innen antreibt, ist nicht nationaler Egoismus, sondern die globale Dimension der Klimakrise und globale soziale Rechte,[5] also die Überzeugung, dass es für alle Menschen soziale Rechte gibt, die es weltweit durchzusetzen gilt. Doch die bisherige Globalisierung bedeutet die Erhöhung der Profite zulasten von Mensch und Natur. Weltweiter Austausch von Wissen und Erfahrungen – das ist die Globalisierung, die wir meinen. Aber wenn es um die Produktion von Gütern geht, lautet das Gebot der Stunde: Regionalisierung der Wirtschaftskreisläufe.

Wie lässt sich das umsetzen? *Erstens* rechnen sich die langen Transportwege nur deshalb, weil die externen Kosten, also die Folgen für Klima und Gesundheit nicht mit eingepreist werden. Während die Gewinne in private Taschen fließen, werden diese Folgekosten der Allgemeinheit aufgehalst. Durch höhere Transportkosten etwa könnte die finanzielle Attraktivität langer Transportwege reduziert werden. *Zweitens* kann durch Fördermittel und gezielte Vergabe bei öffentli-

---

[4] Armin Laschet auf der Pressekonferenz nach der Tagung des CDU-Präsidiums am 29.3.2021.
[5] Andreas Fischer-Lescano, Kolja Möller, *Der Kampf um globale soziale Rechte. Zart wäre das Gröbste*, Berlin: Wagenbach 2012.

chen Ausschreibungen die regionale Vermarktung gestärkt werden. *Drittens* sind die Spielregeln für den internationalen Handel neu zu fassen. Eine nachhaltige Handelspolitik sollte die Staaten auf ausgeglichene Handelsbilanzen verpflichten. So wird die Wirtschaft stärker auf Nachfrage im Inneren statt auf Spekulation und Konkurrenz ausgerichtet. Dafür müssen europäische Handelsabkommen verpflichtende soziale und ökologische Mindeststandards einführen. Damit sich die Produktionsbedingungen überall verbessern, muss es für ‚Ökosünden' und menschenrechtsverletzende Produktionsbedingungen mindestens Strafzölle, wenn nicht Einfuhrverbote geben.[6]

Ökologische und soziale Standards verpflichtend weltweit durchsetzen zu wollen ist schön und gut, werden Neoliberale und Konservative womöglich einwenden, aber ist das dann nicht eine Überregulierung, die dem Wettbewerb schadet? Doch es gibt bereits Unternehmen, die sich den Herausforderungen stellen und auf umweltfreundliche und soziale Produktionsbedingungen achten. Diese Motoren des nachhaltigen Wirtschaftens müssen geschützt werden. Hinzu kommt aber der schlichte Umstand, dass die Menschheit ihren Ressourcenverbrauch reduzieren muss, um die Klimakatastrophe aufzuhalten. Über die Ausgestaltung solcher Regeln lässt sich demokratisch ringen. Doch die Folgen einer Klimakatastrophe lassen sich nicht wegverhandeln, sie schlagen als Naturkatastro-

---

[6] Vgl. dazu Kipping, *Neue linke Mehrheiten*, S. 91.

phe in voller Härte zu, wenn wir die Erderwärmung nicht endlich stoppen.

Und auch hier gibt es wieder eine erstaunliche Parallele zwischen dem Kampf gegen die Coronapandemie und gegen den Klimawandel. Damit dieser erfolgreich sein kann, braucht es verbindliche Vorgaben für die Wirtschaft. Wir erinnern uns: Die Coronapolitik der Bundesregierung hatte, wie ausgeführt, eine deutliche Schlagseite. So energisch sie privaten Haushalten und der Kultur Vorschriften machte, so zurückhaltend war sie, als es darum ging, verbindlich Infektionsschutz in großen Betrieben durchzusetzen. Diese Scheu der Bundesregierung gegenüber den Konzernen verlängerte den Lockdown für die Einzelnen, für Kultur und Handel in einem kaum auszuhaltenden Maße. Ähnliches wird mit dem Klimawandel passieren, wenn wir es nicht verhindern. Denn wenn die transnational agierenden Unternehmen nicht in die Pflicht genommen werden, wird das 1,5-Grad-Ziel nicht zu erreichen sein, ganz gleich wie stark die Einschränkungen und Beschränkungen beim Energieverbrauch für die Privathaushalte sein werden.

Zu den Motoren der Nachhaltigkeitswende, die gestärkt werden müssen, gehört auch die wachsende Anzahl von Initiativen in der solidarischen Landwirtschaft, die versuchen, neue Versorgungsmodelle zu entwickeln. Wenn sie sich weiter unter Bedingungen des globalen Ökodumpings den Weg durch den freien Markt bahnen müssen, wird ihnen aber nicht die Zeit bleiben, um eine Neuorientierung in der Frage der Lieferketten einzuleiten. In einem Green New Deal könnten deshalb Aufbauprogramme für solidarische Landwirtschaft zum Einsatz kommen.

Ähnliche Probleme stellen sich in punkto Lebensmittel. Fast ein Viertel der Treibhausgase entsteht in der Lebensmittelindustrie. Eine Agrarwende, die dies verhindert, ist entsprechend unabdingbar. Doch für Landwirt:innen, die unter den Bedingungen des Weltmarktes wirtschaftlich überleben müssen, stellen ökologische Anforderungen vor allem eine weitere Erschwernis dar. Insofern verwundert auch die Reaktion von großen Landwirtschaftsverbänden wie dem American Farm Bureau auf die Green-New-Deal-Resolution von Ocasio-Cortez nicht. Sie kritisierten diesen Aufschlag zunächst als uninformiert und an den „essenziellen Beiträgen des ländlichen Amerikas vorbeigehend".[7] Für eine erfolgreiche Agrarwende ist es daher wichtig, die Landwirt:innen zu gewinnen und ihre Bedürfnisse einzubeziehen, womöglich indem die Zumutungen, denen sie durch den landwirtschaftlichen Weltmarkt ausgesetzt sind, abgefedert werden. Dass dies gelingen kann, zeigen die zahlreichen enthusiastischen Beiträge in den USA, welche die Chancen des Green New Deal für nachhaltig geführte Farmen, die Wiederbevölkerung ländlicher Räume, neue Preismodelle und klimafreundliche Landwirtschaft lobten.

Die Umsetzung eines Green New Deal in der Landwirtschaft hieße, dass die bisherige Subventionspolitik verändert werden muss, hin zu einer stärkeren Unter-

[7] Raj Patel, Jim Goodman, „A Green New Deal for Agriculture", https://jacobinmag.com/2019/04/green-new-deal-agriculture-farm-workers/ [Letzter Zugriff: 20.5.2021].

stützung bei der Umstellung auf regionale Vermarktung und ökologische Landwirtschaft. Das bisherige EU-Subventionssystem stellt weniger auf die Art der landwirtschaftlichen Produktion als auf die Größe ab, frei nach dem Motto „big is beautiful". Mit dieser im Hinblick auf die Bekämpfung des Klimawandels ungeeigneten Ausrichtung bricht auch der von der EU-Kommission ausgerufene Green Deal nicht, der deshalb von ökologischen Landwirtschaftsverbänden stark kritisiert wird. Umgekehrt wäre ein echter Green New Deal eine gute Gelegenheit, die auch in Deutschland von den Gewerkschaften kritisierten Arbeitsbedingungen in vielen Betrieben anzugehen.

Ein Beispiel für eine einfache Form, wie Nahrungsvermarktung regional anders organisiert werden kann, findet sich in der sehr ländlich geprägten Region Aube in der französischen Champagne. Auf dem Land sind die Wege weit, die Fahrt zu einem Supermarkt ist nicht selten bis zu 25 Kilometer lang, es entstehen hohe Spritkosten. Die hohen Preise für Benzin und steigende Steuern waren in Frankreich Ausgangspunkt für die Proteste der Gelbwestenbewegung. Hinzu kommt, dass einige wenige große französische Supermarktketten wie E. Leclerc, Carrefour und Intermarché die Lebensmittelpreise bestimmen.

In der Region Aube unterstützt die Kommune daher eine Onlineplattform, auf der sich regionale Produzierende und Einkaufende registrieren können. Die einzige Regel ist, dass die Produktion im Umkreis von 60 Kilometern stattfinden muss. Die Einkaufenden wählen aus den Angeboten online aus und können ihren

Einkauf im eigenen oder einem nahegelegenen Dorf abholen. Mit dieser recht einfachen Maßnahme werden die regionalen Produzent:innen gestärkt, Lieferwege verkürzt und die Distanzen zur Versorgung geringer. Das Beispiel zeigt auch, wie die zunehmende Digitalisierung positiv für den Umbau zu regionalen Wirtschaftskreisläufen genutzt werden kann.[8] Doch solche Projekte aus ihren Nischen herauszuholen und die Nahrungsmittelproduktion insgesamt zu verändern kann nur gelingen, wenn sich auch die Märkte verändern.

Neue Regeln für den Markt

In den vergangenen Jahrzehnten – also den Hochzeiten des Neoliberalismus – wurde der Staat, und insbesondere der Sozialstaat, systematisch geschwächt. Weniger Staat, das war die Maxime der neoliberalen Ära. Diese Schwächung des Staates äußerte sich zum Beispiel darin, dass die öffentlichen Gesundheitsämter kaputtgespart wurden. Kommunen mit klammen Kassen standen unter Druck, kommunale Unternehmen zu verkaufen. Und so wurden Teile der öffentlichen Daseinsvorsorge wie kommunale Wohnungsunternehmen an Hedgefonds verkauft und Krankenhäuser und Pflegeheime privatisiert. Überall war nach diesen Privatisierungen zu beobachten, dass die Rechnung die Beschäftigten, die Mieter:innen oder die

---

[8] https://aube.mondrivefermier.fr/ [Letzter Zugriff: 22.5.2021].

Patient:innen zu zahlen hatten. Denn Fonds, die Wohnungen, Krankenhäuser und Pflegeheime aufkaufen, wollen daraus Gewinne schöpfen, und die müssen schließlich irgendwo herkommen. Wenn nach dem Staat gerufen wurde, dann diente er allenfalls dazu, einer Branche mit Absatzproblemen unter die Arme zu greifen. Unterm Strich lautete das Credo des Neoliberalismus, dass Gewinne privatisiert und Verluste vergesellschaftet wurden.

Die Coronaerfahrung und die Notwendigkeit des Klimaschutzes werfen jedoch eine gänzlich andere Frage auf: Sollte der Staat nicht vielmehr steuernd in die Wirtschaft eingreifen und dabei soziale und ökologische Akzente setzen?

In der Coronakrise wurde das Versagen des herrschenden Politikansatzes noch einmal besonders deutlich: neun Milliarden Euro bedingungslos für die Lufthansa, aber faktisch nichts für mobile Luftfilter. Dabei filtern diese Geräte virenlastige Aerosole und erleichtern bei hohem Infektionsschutz soziales Leben in der Pandemie: Wie wichtig wäre dies für die Schulen, die Gastronomie und Theater! Doch es gab 2020 von der Regierung keinen Erlass zur verstärkten Produktion von Luftfiltern, es gab noch nicht einmal ein wirkungsvolles Förderprogramm für mobile Luftfilter in Kitas und Schulen. Es gab kein Leasingprogramm mit Zuschüssen für Kneipen, Kinos oder Konzertsäle, die solche Luftfilter anschaffen wollten. Die Regierung mobilisierte Milliarden Euro für Produkte und Dienstleistungen, die gerade nicht gefragt sind und die auch noch eine schlechte Ökobilanz haben, aber sie zeigte kaum Einsatz für Produkte, die in der Pandemie dringend gebraucht wurden.

Kurzum, die Coronapolitik der Regierung hatte auch hier eine klare Schieflage: Statt frühzeitig die Wirtschaft zu lenken und sie zur Produktion von in der Pandemie notwendigen Bedarfsgütern wie Schnelltests und Luftfiltern zu bewegen, wurden vor allem das Privatleben der Menschen und die Kulturbranche eingeschränkt. Dabei hat die mittelständische Industrie in Deutschland einen Weltruf in Sachen technischer Expertise und Erfindungsreichtum. Es ist beschämend, dass ein notorischer Coronaverharmloser wie Donald Trump in den USA in der Lage war, per Gesetz Unternehmen anzuweisen, Beatmungsgeräte herzustellen, während die Bundesregierung nur dann bereit war zu intervenieren, wenn Großkonzerne drohten in die Pleite zu rutschen. Man kann auch sagen, etwas mehr staatlicher Mut zu steuernder Wirtschaftspolitik im Sinne des Gemeinwohls hätte unser aller Leben in den Zeiten der Coronakrise erleichtert. Und das lässt sich durchaus verallgemeinern: Wirtschaftshilfen mit dem Ziel des sozialökologischen Umbaus zu verknüpfen, reduziert nicht nur den Ressourcenverbrauch, sondern schafft Arbeitsplätze in zukunftssicheren Branchen.

Zu solchen notwendigen Regulierungen gehört auch: Wer als Unternehmen seine Gewinne am Fiskus vorbei in Steueroasen parkt, wird im Krisenfall nicht mehr subventioniert. Wenn der Staat Firmen in Krisenzeiten mit Kurzarbeitergeld unter die Arme greift, dann dürfen diese weder Entlassungen vornehmen noch staatliche Gelder für Dividendenausschüttungen oder Aktienrückkäufe verwenden. Das Ziel sollte sein, dass der Staat wieder ein Wertschöpfungspartner wird und dadurch eine bessere Volkswirtschaft entsteht. So wie der New Deal vor 90 Jahren Mut zum Konflikt erforderte, so erfordert es nun den Mut zu einer Regierungspolitik, die die Weichen umstellt.

Universelle Grundversorgung sichern

Inzwischen ist klar: Der Markt lebt von Bedingungen, die er selbst nicht schaffen kann – Bildung, Transportwege, Sozialsysteme oder wissenschaftliche Innovationen. Aus dieser Erkenntnis folgt, dass das, was wirklich systemrelevant ist, nicht dem Markt überlassen werden darf. Die konsequente Fortführung dieses Gedankens führt zur Formulierung eines Anspruchs auf eine universelle Grundversorgung, die nicht auf Markt und Profit setzt, sondern sich am Gemeinwohl orientiert. Einige politische Akteur:innen verwenden dafür bereits jetzt den Begriff Infrastruktursozialismus.[9]

Dieser Ansatz umfasst die Bereiche Gesundheit, Mobilität, Bildung, Pflege und Wohnen. Eine solche Grundversorgung bedeutet, dass die öffentliche Hand in die Lage versetzt wird, ausreichend bezahlbaren

---

[9] 2009 wurde er von der *prager frühling*-Redaktion eingeführt, https://www. prager-fruehling-magazin.de/de/article/295.her-mit-dem-schoenen-leben. html?sstr=INfrastruktursozialismus [Letzter Zugriff: 20.5.2021]. Inzwischen wurde er in verschiedenen Artikeln und Büchern aufgegriffen, z.B. in Raul Zeliks, *Wir Untoten des Kapitals*.

Wohnraum, flächendeckenden gebührenfreien Bus- und Bahnverkehr, Barrierefreiheit, wohnortnahe und gebührenfreie Kitaplätze, Breitband für alle sowie eine angemessene Gesundheitsversorgung auch in den ländlichen Regionen zur Verfügung und sicherzustellen. Um dies umzusetzen, ist eine Neuausrichtung der staatlichen Lenkungsinstrumente angebracht – aber auch das Stellen der jahrzehntelang tabuisierten Eigentumsfrage. Für privatisierte Wohnungsgesellschaften und Krankenhäuser muss beispielsweise eine Entprivatisierungsstrategie entwickelt werden.

Die Klimakrise und die aktuelle Pandemie sind auch ein Notruf an das öffentliche Gesundheitswesen. Gesundheitssysteme weltweit sind überlastet. Die Türen von Privatkliniken mussten, wie beispielsweise in Spanien, beinah gewaltsam geöffnet werden, um die hohe Zahl der Kranken zu versorgen. Beim deutschen Konzern Helios begannen Arbeitskämpfe, als im Jahr 2021 Stellen gestrichen wurden, weil coronabedingt Einnahmequellen durch Regeleingriffe weggefallen waren. Das geschah just in dem Moment, als eine Station weiter, bei den an Covid-19 Erkrankten, die Überlastung des Personals längst Dauerzustand war. Gleichzeitig erwirtschaften andere Gesundheitskonzerne Millionengewinne. In Griechenland musste die Regierung Ärzt:innen aus privaten Praxen zur Versorgung der Covid-19-Patient:innen einziehen. Die Liste der Missstände, die längst zur Gefahr für die Gesundheit und den gesellschaftlichen Zusammenhalt geworden sind, ist lang. Auch deshalb müssen die Regeln umgeschrieben werden.

Bereits vor der Pandemie haben sich in Kanada erste Gruppen gegründet, die die Ideen des Green New Deal mit Vorschlägen für eine neue öffentliche Gesundheitsversorgung verbinden. Dabei wird auf die positiven Eigenschaften des Gesundheitssektors verwiesen, wenige Emissionen zu erzeugen. Das Gesundheitswesen, so die Initiator:innen, eignet sich besonders gut, um Jobs im Rahmen eines Green New Deal zu schaffen. Auch die Recherchen der schon erwähnten Women's Budget Group ergaben, dass unter Berücksichtigung von Multiplikatoreffekten die Gesamtauswirkungen von Investitionen in die Pflegebranche in Bezug auf Treibhausgasemissionen zu 30 Prozent weniger umweltschädlich sind als Investitionen in die Bauindustrie.[10]

Gebt die Patente frei!

An dem Umgang mit Patenten und Lizenzen für Impfstoffe lässt sich ebenfalls gut veranschaulichen, dass sich die Regeln unseres Zusammenlebens ändern müssen. Es mutete hilflos an, wie die Regierenden und die EU-Kommission die Hersteller einluden, als sich herausstellte, dass es zu Verzögerungen bei der Impfstofflieferung kommt: Nichts kam dabei heraus. Als ob

---

[10] Auch die Recherchen der Women's Budget Group ergaben, dass unter Berücksichtigung von Multiplikatoreffekten die Gesamtauswirkungen von Investitionen in die Pflegebranche in Bezug auf Treibhausgasemissionen 30 Prozent weniger umweltschädlich sind als Investitionen in die Bauindustrie.

man im Kanzleramt oder bei der EU-Kommission keinerlei Instrumente hätte. Dass einzelne Firmen Impfstoff anbieten können, ist zum einen das Ergebnis von exzellenter Forschungsarbeit in den Laboren. Dafür steht den daran Beteiligten ein entsprechender Gewinn zu. Muss er jedoch das dauerhafte Eigentumsrecht an dem notwendigen medizinischen Wissen beinhalten? Denn ohne massive staatliche Förderungen in die Erforschung und Investitionen in den vorausschauenden Bau von pharmazeutischen Produktionsstätten wäre der beeindruckende Durchbruch in der Impfstoffentwicklung, wie er quasi vor unser aller Augen stattfand, nicht möglich gewesen. Die Bundesregierung hat aus Steuermitteln mit 750 Millionen Euro die Impfstoffentwicklung gefördert. Schon deshalb hat die Öffentlichkeit einen Anspruch darauf. Inzwischen stellt sich heraus, dass Lizenzen und Patente, also das Eigentum an medizinischen Erkenntnissen, eine Bremse für die Produktion von mehr Impfdosen darstellen. Hätte die öffentliche Hand Zugriff auf die Lizenzen, könnte sie organisieren, dass an weiteren pharmazeutischen Produktionsstätten der beste Impfstoff in ausreichender Menge hergestellt wird.

Die Privatisierung von medizinischem Wissen verlängert hierzulande den Lockdown, im globalen Süden hat sie noch schlimmere Folgen. Patente auf lebenswichtige Medikamente machen es ärmeren Ländern oft unmöglich, diese zu erwerben. Patente, also das Eigentumsrecht auf Wissen, bringen der Pharmaindustrie Profite. Aber für arme Länder bedeuten sie Tote, die vermeidbar wären.

Ende März 2021 meldete die Weltgesundheitsorganisation, dass sich zehn Länder 76 Prozent der weltweit verfügbaren Impfdosen gesichert haben. Der UN-Generalsekretär nennt diesen Impfnationalismus eine „Verweigerung von Menschenrechten".[11] Und damit hat er recht, denn nicht nur ein Polizeiknüppel in einer Diktatur ist eine Menschenrechtsverletzung, sondern auch ein aus Profitinteressen vorenthaltener Impfstoff. Davon abgesehen, dass solch ein Impfnationalismus der reichen Länder moralisch verwerflich ist, kommt noch hinzu, dass der Kampf gegen die Pandemie genauso wie der gegen die Erderwärmung nur weltweit gewonnen werden kann. Das Virus kommt sonst wieder zurück. Die Pandemie begann in China. China ist weder ein Nachbarland von Deutschland noch das Reiseziel Nummer eins der Deutschen. Und doch dauerte es auf Grund der globalen Vernetzung nicht lange, bis das Virus auch in Deutschland den Alltag umkrempelte. Wenn also irgendwo im globalen Süden eine Virusmutation entstünde, die immun gegen alle bisherigen Impfstoffe wäre, wäre es nur eine Frage der Zeit, bis diese Mutation auch im Herzen von Europa ankommt. Dass auch die armen Länder Zugang zum Impfstoff haben und somit den Kampf gegen Corona besser führen können, liegt also auch im eigenen Interesse.[12]

---

[11] Secretary-General Highlights COVID-19 as Pretext for Violations, in: Message for Opening of Human Rights Council's Forty-Sixth Session, 22.02.2021. un.org/press/en/2021/sgsm20589.doc.htm. [Letzter Zugriff: 20.5.2021].

[12] In diesem Sinne mahnt auch der WHO-Chef Tedros Adhanom Ghebreyesus: „Je länger wir damit warten, allen Ländern Impfstoffe, Tests und Behandlungen zur Verfügung zu stellen, desto schneller wird sich das Virus

Ein pragmatischer Vorschlag lautet: Die Weltgesundheitsorganisation WHO wird in die Lage versetzt, geistiges Eigentum an medizinisch relevantem Wissen zu erwerben, um es den armen Ländern zur Verfügung zu stellen. Notfalls muss sie sich dafür gegen die Gewinninteressen der Pharmabranche durchsetzen. Doch das blockiert die Bundesregierung. Offensichtlich wiegen diese Gewinninteressen schwerer als die Weltgesundheit. Es müsste aber genau andersherum sein. Die Weltgesundheit ist wichtiger als Profite. Der Green New Deal kann ein Instrument sein, um diese Veränderung der Prioritäten durchzusetzen.

Verkehrswende

Auch am Beispiel Verkehrspolitik lassen sich zwei wichtige Aspekte, die im Zentrum der Überlegungen zum Green New Deal stehen, besonders gut veranschaulichen. Erstens: wie eng soziale und ökologische Fragen miteinander verbunden, wie sehr sie aufeinander verwiesen sind. Und zweitens: Mehr von etwas bedeutet nicht automatisch mehr Lebensqualität. Besonders viel Autoverkehr bedeutet schließlich Stau, und im Stau zu stehen erhöht in der Regel nicht die

ausbreiten, desto mehr Virusmutationen können entstehen, desto größer ist die Wahrscheinlichkeit, dass die heutigen Impfstoffe unwirksam werden, und desto schwieriger wird es für alle Länder, sich zu erholen." Christina zur Nedden, „Der Kampf um Patente droht die Pandemie zu verlängern", https://www.welt.de/politik/ausland/article225622169/Corona-Impfstoffe-Verlaengert-der-Kampf-um-Patente-die-Pandemie.html?fbclid=IwAR2I0-XY1AbVkj9ZFvLs-2JHogwHeYdodk-PT7nF-cCOcjFmZZxByg6GS5rw [Letzter Zugriff: 20.5.2021].

Lebensqualität. Die Vermeidung von Verkehr erfordert daher eine Regional- und Stadtplanung, die sicherstellt, dass die Orte, die Menschen häufiger ansteuern, auch möglichst in ihrer nahen Umgebung erreichbar sind. Wenn kleine Läden in den Wohnvierteln schließen, dafür große Supermärkte auf der grünen Wiese aufmachen, die nur mit dem Auto zu erreichen sind, ist das das Gegenteil einer nachhaltigen Planung. Zur Verkehrswende gehört selbstverständlich auch, dass die umweltfreundlichen Verkehrsmittel, also Fuß- und Radverkehr sowie Bus und Bahn attraktiver werden als der Autoverkehr. Attraktiver – das meint nicht nur häufiger und flexibler nutzbar, sondern auch preiswerter oder sogar, warum nicht, gebührenfrei. Der Ausbau der Schiene auch auf dem Land, ein dichterer Takt, eine BahnCard 50 für alle, damit sich die Preise im Fernverkehr der Bahn halbieren, sowie gebührenfreier öffentlicher Personennahverkehr gehören demzufolge unbedingt auf die Maßnahmenliste des Green New Deal.

Bauhaus 2.0

Im Dezember 2019 versammelte sich in Caputh bei Potsdam eine illustre Runde aus Wissenschaft, Architektur, Kunst und Politik, darunter der bekannte Klimawissenschaftler Hans Joachim Schellnhuber, um eine neue Bauhausschule ins Leben zu rufen, und zwar ein „Bauhaus der Erde". Bauhaus – das klingt zunächst nach Architektur und Design im Weimar und Dessau der 1920er Jahre. Der Bauhaus-Schule, die vor rund 100 Jahren u.a. von Walter Gropius gegründet wurde, ging es um eine neue ästhetische Formsprache, darum, die verschiedenen Künste mit Architektur zu verbinden. Ihr ästhetisches Streben zielte auf organisches Gestalten. „Man wollte insbesondere von der Natur lernen."[13] So galt dem Künstler Paul Klee, der den Stil des Bauhauses in den 1920er Jahren mitprägte, Kunst als ein Gestaltungsakt, der analog zu den Formprinzipien der Natur funktioniert. Vor dem Hintergrund der heute durch Bauen verursachten Emissionen bekommt der Ansatz, von der Natur zu lernen, aber noch eine ganz neue Bedeutung.

Heute bedeutet Ganzheitlichkeit in Architektur und Bau, die ökologische Dimension, also die Energie- und Materialintensität mit in den Blick zu nehmen. Denn unsere moderne Bauweise und die damit verbundenen Industrien sind ein echter Klimakiller. So ist beispielsweise die Herstellung von Stahlbeton, der beim Bau üblicherweise zum Einsatz kommt, sehr energieintensiv. Damit Bauen klimafreundlicher wird, muss u.a. beim zentralen Baustoff von Beton auf Holz umgestellt werden. Der Baustoff Holz bindet als Baum, also während er als Baustoff heranwächst, Kohlendioxid und wird daher in der Fachsprache als „Kohlenstoffsenke" bezeichnet. Hinzu kommt, dass der für die Herstellung von Beton notwendige Sand weltweit zur Neige geht. Das Abbaggern in Meeren und Flüssen hat

---

[13] Vgl. dazu Erklärung von Caputh. https://www.global-review.info/2021/04/02/bewegung-fuer-die-kulturelle-renaissance-europas-neues-europaeisches-bauhaus. [Letzter Zugriff: 20.5.2021].

aber wiederum fatale ökologische Folgen.[14] Auch das spricht für ein Umstellen auf ein anderes Baumaterial. Zu einem Blockhaus aus Holz reicht unser aller Vorstellung, Hochhäuser aus Holz hingegen kann sich womöglich nicht jeder vorstellen. Doch tatsächlich sind auch mehrgeschossige Gebäude, die überwiegend aus Holz gebaut werden, möglich: So steht in Wien das HoHo, ein 24-geschossiges Hochhaus, das laut Bauplänen zu 75 Prozent aus Holz besteht und nur in der Mitte über einen Betonkern verfügt.

Bei der vor rund 100 Jahren gegründeten Bauhaus-Schule ging es aber auch um die Entprivilegierung von modernem Wohndesign. Funktional designte Möbel und Bauweisen nicht nur Eliten anzubieten, sondern sie breit zugänglich zu machen – das war damals für viele unvorstellbar. Und so erscheint es heute vielen unvorstellbar, bezahlbares Wohnen und klimaneutrales Bauen unter einen Hut zu bekommen. Dabei sind Bauen, Gebäudeerhaltung, insbesondere Gebäudewärme und Infrastruktur (ohne Transport) immerhin für über 40 Prozent aller Treibhausgasemissionen verantwortlich. Das Streben nach Klimaneutralität erfordert es, die Bauwende einzuleiten. Explodierende Mieten wiederum sind eines der zentralen sozialen Probleme, sie enteignen faktisch die Mitte, denn wenn Löhne und Renten stagnieren oder nur leicht ansteigen, die Mieten aber explodieren, bleibt immer weniger für die sonstigen Lebenskosten.

---

[14] https://www.energiezukunft.eu/bauen/beton-verhagelt-die-klimabilanz/ [Letzter Zugriff: 20.5.2021].

Hört man Vertreter:innen der Immobilienbranche zu, so drängt sich schnell der Verdacht auf, dass das Wohnen in klimaneutralen Gebäuden so teuer ist, dass es nur für Vermögende eine Option ist. Der Mietendeckel in Berlin wurde von den Immobilienkonzernen deshalb als zutiefst unökologische Tat kritisiert. (Dass der Mietendeckel vor allem ihre Gewinne schmälert, erwähnen sie dabei eher selten.) Manchmal schwingt unterschwellig mit, die Armen seien das eigentliche Hindernis für konsequenten Klimaschutz (und nicht das Profitstreben). Das ist auch deshalb besonders absurd, weil der ökologische Fußabdruck, wie bereits erwähnt, im Durchschnitt umso größer ist, je größer der Reichtum eines Haushaltes ausfällt. Menschen, die ohnehin am Ende des Monats nichts übrighaben, haben dagegen deutlich weniger Einfluss auf die Art ihres Konsums.

Aber natürlich gibt es ein ganz praktisches Problem: Sanierung und Isolierung sind ein Grund für steigende Mieten, die gerade Menschen mit niedrigen und mittleren Einkommen finanziell zu schaffen machen und infolgedessen zu einer sozialen Entmischung der Stadtteile beitragen. Das wiederum hat verheerende Folgen. Wenn Ärmere und Reiche getrennt voneinander leben, wenn in der wohnortnahen Grundschule nicht mehr das Kind eines Bankers auf die Kinder einer Pflegekraft oder einer aufstockenden Alleinerziehenden trifft, verschärft sich die Tendenz zu sozialen Parallelwelten. Es findet immer weniger Austausch zwischen den Schichten statt. Eine solche

Entwicklung schadet der demokratischen Willensbildung und damit der Demokratie insgesamt.

Nun könnte man eine Anordnung schaffen, in der
sich Menschen entscheiden müssen: Bist du im Team
bezahlbare Mieten oder im Team klimaneutrales
Bauen. Doch gleich für welche Seite man sich entscheidet, Verlierer:innen wären alle. Denn wenn sich
die soziale oder die ökologische Krise verschärft, verlieren viele heute und alle spätestens morgen. Wenn
sich die soziale Krise zuspitzt und Menschen, die sich
ignoriert fühlen, der Demokratie den Rücken zuwen-
den oder Ökologie als ein Anliegen für ,Snobs' abspei-
chern, schafft das Rückenwind für marktradikale Lobbygruppen oder für rechtspopulistische Klimaleugner.
Zugespitzt formuliert: Wer die Dringlichkeit der sozialen Dimension vernachlässigt, bereitet ungewollt den
Boden für die antiökologische Gegenbewegung. Ein
Gegeneinanderausspielen ist also ausdrücklich nicht
im Sinne des Green New Deal, geschweige denn im
Sinne eines Zukunftspaktes. Vielmehr besteht die
Aufgabe darin, Maßnahmen zu finden und miteinander zu kombinieren, die beiden Ansprüchen gerecht
werden.

Dabei liefern die Vorschläge für klimagerechte
Architektur vom Bund der Architektinnen und Architekten wichtige Impulse. In ihrer Agenda für klimagerechte Architektur werben sie nicht nur dafür, die ökologische Wirkung von Gebäuden über deren gesamten
„Lebenszyklus" zu betrachten. Sie sprechen sich für
eine umweltgerechte und eine sozial gerechte Bodenpolitik aus, wonach die Kommunen bei der Bodenbe-

vorratung finanziell mit einer Zweckbindung zu unterstützen sind. Zudem unterbreiten sie den Vorschlag, das Erbbaurecht von den Kommunen stärker für eine soziale und ökologische Liegenschaftspolitik zu nutzen.[15] Dies mag zunächst abstrakt klingen, eine solche Bodenpolitik könnte jedoch die Spekulation mit Boden und Wohnungen einschränken und damit einen entscheidenden, kostentreibenden Faktor für Mieten einschränken.

Darüber hinaus gilt es massiv in die Erforschung von Sanierungs- und Baumethoden zu investieren, die klimaneutrales Wohnen zu erschwinglichen Kosten ermöglichen. Anfangs wird es dafür entsprechend Zuschüsse brauchen, um die Mieten niedriger zu halten. Wobei nicht die alten Fehler wie beim sozialen Wohnungsbau wiederholt werden sollten. Denn hier bekamen Unternehmen staatliche Zuschüsse für Wohnungen, die anschließend für eine bestimmte Zeit zu niedrigeren Mieten angeboten wurden. Doch irgendwann lief die Mietpreisbindung aus, und die Mieten explodierten. Nachhaltige öffentliche Investition funktioniert anders. Am sichersten ist immer noch, wenn Boden und Gebäude in öffentlicher Hand oder in den Händen von gemeinnützigen Organisationen bleiben, die keinen Profit machen können, sondern Gewinne reinvestieren.

Die Bauwende, die Verkehrswende, die Energiewende und die Agrarwende nicht in Angriff zu neh-

[15] Bund Deutscher Architekten, Das Haus der Erde. https://www.bda-bund. de/2019/08/das-haus-der-erde_bda-position. [Letzter Zugriff: 20.5.2021].

men, käme uns teuer zu stehen. Schließlich werden dann die sozialen und ökologischen Verwerfungen zunehmen. Und je länger die Regierungen damit warten, umso teurer wird es. Allerdings gibt es all diese Maßnahmen auch nicht zum Nulltarif. Natürlich muss öffentliches Geld für Investitionen bereitgestellt werden, als Anschub, um Nachfrage für das Notwendige zu erzeugen und um alle garantiert vor Armut zu schützen. Aber wie gesagt, dieses Geld nicht in die Hand zu nehmen, wird unterm Strich teurer. Mögliche Finanzierungsquellen wurden bereits skizziert. Damit ließe sich einiges erreichen. Darüber hinaus muss aber außerdem eine heilige Kuh des Neoliberalismus geschlachtet werden: die Schuldenbremse.

Paradigmenwechsel im Grundgesetz

Wer einen neuen Leitsatz wie Klimaneutralität verankern will, sollte studieren und analysieren, wie es den neoliberalen Vordenker:innen, Organisationen und Politiker:innen gelang, ihre Glaubenssätze erst in Wissenschaft und Talkshows, dann im Alltagsverstand und letztlich in der Verfassung zu verankern.[16] Dabei bedienten sie sich nämlich eines geschickten Schachzugs: Die Komplexität einer Volkswirtschaft und damit der Haushalt der öffentlichen Kassen wurde mit der

---

[16] Eine hervorragende Schilderung, wie der neoliberale, marktradikale Ansatz aus der Defensive heraus gezielt hegemonial wurde, liefern Nick Srnicek, Alex Williams, *Die Zukunft erfinden. Postkapitalismus und eine Welt ohne Arbeit*, Berlin: Edition Tiamat 2016.

Haushaltskasse der berühmt-berüchtigten schwäbischen Hausfrau gleichgesetzt. Nun gilt für einen Privathaushalt mehr oder weniger, dass er nur so viel ausgeben kann, wie er einnimmt. (Wobei auch Privathaushalte das Moment der Investition kennen: Wer ein Haus baut, um später Miete einzusparen und fürs Alter vorzusorgen, nimmt nicht selten Kredite auf.) Volkswirtschaften funktionieren jedoch anders. Um es in einem Bild zu beschreiben: Ein Privathaushalt kann mit einer Badewanne verglichen werden, wo nur so viel Wasser abfließen kann, wie vorher reingeflossen ist. Volkswirtschaften und Staatshaushalte hingegen funktionieren eher wie ein mehrdimensionaler Wasserkreislauf, wo es sehr hilfreich sein kann, mehr Wasser zuzuführen, um das wirtschaftliche Geschehen anzukurbeln.

Der Volksentscheid für die Schuldenbremse in der hessischen Verfassung 2011 trug den perfiden Titel „Aufnahme einer Schuldenbremse in Verantwortung für kommende Generationen". Mit dem Argument der Zukunft (für kommende Generationen) wurde jeder Widerstand als illegitim markiert. Wer sich gegen eine sichere Zukunft (Schuldenbegrenzung) stellt, ist disqualifiziert, nicht nur besiegt, sondern gestrig und irrational. Heute ist die Schuldenbremse ein Denkmal des neoliberalen „Magerstaates", und nicht erst die Coronakrise hat dieses Dogma entzaubert. Es ist klar, dass eine andere Finanzpolitik als die der schwarzen Null nötig ist, um die aktuellen Herausforderungen zu meistern. Die Schuldenbremse und ihre Implementierung zeigt aber auch, wie geschickt Konservative und

Neoliberale sich nicht nur einer gesellschaftlichen Erzählung bemächtigen konnten, sondern wie sie ein vermeintlich moralisches Prinzip in einen Verfassungsrang verwandelten, um es jeder weiteren politische Auseinandersetzung zu entheben.

Umgekehrt muss der Anspruch heute sein, das 1,5-Grad-Ziel ins Grundgesetz zu schreiben. Wenn es richtig ist, dass der Klimawandel die monumentale Krise unserer Zeit ist, dann ist es auch richtig, ihn mit einer konkreten Zahl als eine Konstante in die Verfassung zu schreiben und dem Klimaschutz damit Verfassungsrang zu geben. Der Sonderbericht des Weltklimarates empfiehlt dabei das 1,5-Grad-Ziel, wie es auch das Pariser Abkommen festlegt. „Defizite im Staatshaushalt", schreibt Naomi Klein treffend, „sind nicht annähernd so gefährlich wie die Defizite, die durch unsere Hand in lebendigen, komplexen Natursystemen entstanden sind."[17]

Soziale Kipppunkte

Weniger eindeutig als in der Frage des Klimawandels ist die Diskussion um die Abwendung der sozialen Krise. Dass man etwas gegen soziale Ungleichheit unternehmen muss, ist zwar weniger kontrovers als

---

[17] Klein, *Warum nur ein Green New Deal unseren Planeten retten kann*, S. 97. Weiterhin sei hier u.a. auf die Bücher *Klimawandel* von Stefan Rahmstorf und Hans Joachim Schellnhuber oder *Neben uns die Sintflut* von Stephan Lessenich verwiesen, die ebenfalls die Dringlichkeit des Klimaschutzes unterstreichen: Stefan Rahmstorf, Hans Joachim Schellnhuber, *Der Klimawandel. Diagnose, Prognose, Therapie*, München: C.H. Beck 2019; Lessenich, *Neben uns die Sintflut*.

der Kohleausstieg, aber in der Breite fehlt die Leidenschaft dafür. Während klar ist, dass die Welt maximal noch zehn Jahre hat, bis bei der globalen Erwärmung der Point of no Return erreicht ist, also ein Kipppunkt, an dem selbst entschiedenes Umsteuern den Klimakollaps nicht mehr aufhalten kann, wird im Bereich des Sozialen gern so getan, als ob man den Armen auch noch in zehn Jahren mehr Geld geben könne. Wer meint, da brenne ja nichts an, irrt jedoch. Sicherlich, die Verwerfungen, die durch verstellte Lebensläufe, durch verfestigte Armut, Perspektivlosigkeit und durch das Gefühl, nicht zu zählen, verursacht werden, lassen sich nicht so leicht messen wie der steigende Meeresspiegel. Das heißt allerdings nicht, dass es nicht auch soziale Kipppunkte gibt. Das Buch *Die Elenden* der Journalistin Anna Mayr, die selbst in einer Familie aufwuchs, welche auf Hartz-IV-Leistungen angewiesen war, vermittelt sehr treffend ein Gefühl davon, was Armut und Ausgrenzung verursachen können und wie viel schwerer es für Kinder aus, wie es im Armutsbericht heißt, „Haushalten mit niedrigem sozioökonomischen Status" ist, ihren Lebensweg zu gehen.[18] Ihr Buch schildert keine aufrüttelnden Horrorszenarien, doch es zeigt eindringlich, dass es auch im Leben von Ausgegrenzten und Armen Weichenstellungen gibt, die nur schwer rückgängig zu machen sind.

Die Folgen sozialer Spaltung können für Gesellschaften und die Demokratien genauso zerstörerisch

---

[18] Anna Mayr, *Die Elenden. Warum unsere Gesellschaft Arbeitslose verachtet und sie dennoch braucht*, Berlin: Hanser 2020.

sein wie die Treibhausgas-Emissionen fürs Klima. Perspektivlosigkeit und Abstiegsängste, also die Sorgen von Menschen, die noch etwas zu verlieren haben und denen Armut in der Gesellschaft vor Augen führt, wie tief ihr Fall sein könnte, bilden bisweilen den Nährboden für menschenfeindliche Propaganda. Auch wenn es keine Entschuldigung dafür gibt, zum Rassisten zu werden oder Parteien mit faschistischen Flügeln zu wählen, gilt es, um Bedingungen zu wissen, in denen Demokratiefeindlichkeit gedeiht, um ihr entgegenwirken zu können.

Hinzu kommt, dass Gegner:innen des Klimaschutzes gern mit existenziellen Sorgen spielen, um sie gegen die Ökologie in Stellung zu bringen. Wenn es darum geht, ökologische Standards zu verhindern, spielt sich selbst Christian Lindner zum Kämpfer für den sogenannten kleinen Mann auf. Das ist natürlich kontrafaktisch, da die Partei, deren Vorsitzender er ist, ansonsten Mindestlohn, Mietendeckel, Mindestsicherung oder höhere Renten, die Menschen mit niedrigen Einkommen wirklich helfen würden, bekämpft. Aber es gibt viele Menschen, die zu wenig haben, die hart arbeiten, lange Wege haben und in denen der Verdacht wächst, dass konsequenter Klimaschutz ihr ohnehin nicht einfaches Leben komplizierter machen wird. Es ist eine Frage der Gerechtigkeit, dass nicht ausgerechnet diese Menschen die Last des Klimaschutzes tragen müssen, sondern jene, die mehr schultern können, und vor allem, dass die Konzerne in die Pflicht genommen werden, die zu den größten Verursachern von CO_2-Emissionen gehören. Darüber hinaus handelt es sich aber auch um eine Frage der nachhaltigen Durchsetzung: Wer Mehrheiten nachhaltig für konsequenten Klimaschutz gewinnen will, muss sicherstellen, dass er für sie nicht allein eine soziale Schlechterstellung bedeutet, sondern vielmehr mit Verbesserungen und Erleichterungen einhergeht.

Schon allein deshalb muss der Green New Deal auch das gesellschaftliche Klima verbessern. Dazu gehört der Schutz vor Armut durch soziale Garantien.

Soziale Garantien – Der Klassencharakter der Krisen

Dass im globalen Maßstab die Folgen des Klimawandels entweder in Form von Überschwemmungen oder akutem Wassermangel, also Dürre, den ärmeren Teil der Welt und ganz besonders die verletzlicheren Länder und Regionen im globalen Süden mit besonderer Härte und Häufigkeit treffen, ist allseits bekannt. Weniger bekannt ist, dass auch in Deutschland die Ärmeren besonders stark unter den Folgen von Umweltverschmutzung leiden. Der Fünfte und der aktuelle Sechste Armuts- und Reichtumsbericht der Bundesregierung kommen zu dem Ergebnis, dass „Menschen mit geringen Einkommen oft höheren Belastungen durch Umweltprobleme wie Luftverschmutzung und Lärm ausgesetzt sind", während Haushalte mit höheren Einkommen sich eher eine Wohnung in Gegenden mit weniger Straßenlärm und besserer Luft sowie Zugang zu Grünflächen leisten können.[19] In dem Zusammenhang ist auch von Umweltgerechtigkeit oder eben Umweltungerechtigkeit die Rede. Klimawandel und Umweltverschmutzung treffen also nicht alle mit der gleichen Härte, genau genommen weisen sie einen klaren Klassencharakter auf. Das heißt, dass jene, die wenig haben, die ihre Arbeitskraft verkaufen müssen, um über die Runden zu kommen, besonders stark von den Folgen der Krise betroffen sind. Wie es gelingt, diese Ungerechtigkeiten zu überwinden, werden wir beim Gehen erkunden müssen. Auf jeden Fall aber kann diese Betroffenheit schon jetzt durch eine wirkungsvolle Sozialpolitik abgemildert werden.

Sozialer Schutz bedeutet neben der Stärkung der bestehenden Sozialversicherungen die Einführung von sozialen Garantien. Garantierter Schutz vor Armut ist dabei keine Mildtätigkeit, sondern begründet sich nicht zuletzt aus dem universellen Anspruch der Demokratie, dass an ihr alle teilnehmen können, so sie es wollen. Armut ist eine wesentliche Ursache für soziale Isolation, also dem Gegenteil von gesellschaftlicher Teilhabe. Die Coronapandemie hat uns auch in dieser Hinsicht die Notwendigkeit von sozialen Garantien noch einmal drastisch vor Augen geführt. Anfangs hörte und las man an verschiedenen Stellen, dass das Coronavirus kein ‚oben‘ und kein ‚unten‘, weder Grenzen noch Herkunft kenne. Doch die Auswirkungen der

---

[19] Lebenslagen in Deutschland. Der Sechste Armuts- und Reichtumsbericht der Bundesregierung, 2021, S. 346.

Coronakrise haben – wie die des Klimawandels – sehr wohl einen Klassencharakter.

Die soziale Spaltung, die unser Land insgesamt durchzieht, zeigte sich in der Ausnahmesituation in besonderer Schärfe. Die Kontaktbeschränkungen sind zwar allgemeingültig, aber sie treffen eben nicht alle unterschiedslos. *Erstens* ist es ein Unterschied, ob Quarantäne oder Homeschooling in einer geräumigen Wohnung mit Balkon bzw. in einem Haus mit Garten stattfinden oder ob sie jemanden treffen, der kinderreich auf engstem Raum leben muss. Es ist ein Unterschied, ob Kinder beim Homeschooling auf überambitionierte und manchmal nervende bzw. genervte Eltern treffen oder ob mit der Schulschließung auch ihr täglicher Schutzraum vor häuslicher Gewalt verschlossen ist.

Zweitens waren Menschen mit geringen Einkommen und unsicheren Jobs besonders von den lockdownbedingten Einkommenseinbußen betroffen. So ergab eine Untersuchung des Wirtschafts- und Sozialwissenschaftlichen Instituts, dass in der Einkommensgruppe unter 900 Euro im Monat jeder Zweite Einkommenseinbußen hatte, während bei monatlichen Einkommen oberhalb von 4500 Euro nur jeder Vierte betroffen war.[20] Zahlreiche Rentner:innen und Studierende, die ihr Einkommen bzw. ihre zu niedrige Rente bisher mit Minijobs aufbessern mussten, verloren von heute auf morgen dringend benötigte zusätzliche Ein-

---

[20] Andreas Hövermann, Bettina Kohlrauschin, „Soziale Ungleichheit und Einkommenseinbußen in der Corona-Krise – Befunde einer Erwerbstätigenbefragung", *WSI-Mitteilung* 73 (06/2020), S. 485–492.

nahmen. Wer auf Honorarbasis oder in einem Minijob arbeitete, kam nicht in den Genuss des Kurzarbeitergeldes, denn dieses ist nur für sozialversicherungspflichtige Arbeitsplätze vorgesehen.

Drittens verursachte die Pandemiesituation auch neue Kosten – nicht nur für Masken und Desinfektionsmittel. Wenn Kinder den ganzen Tag zu Hause lernen müssen, fällt das gestützte oder kostenlose Mittagessen in der Schule weg. Im Gegenzug fallen zu Hause mehr Kosten an für Essen, Strom, Bastelmaterial; ganz zu schweigen von den notwendigen Ausgaben fürs E-Learning, wie Drucker, Netzzugang, Druckerpatronen etc. Dies ist vor allem für Haushalte ein Problem, die schon vorher jeden Euro dreimal umdrehen mussten oder bei denen am Ende des Geldes oft noch zu viel Monat übrig ist. Im ersten Lockdown kam erschwerend hinzu, dass aus Sicherheitsgründen viele Hilfsangebote wie Tafelausgabestellen schließen mussten. „[D]ie im Dunkeln sieht man nicht" heißt es in der von Bertolt Brecht getexteten „Moritat für Mackie Messer" aus der *Dreigroschenoper*, der für eine geplante Verfilmung diese Schlussstrophe hinzugefügt wurde.[21] Das Lied hat schon einige Jahrzehnte auf dem Buckel, und doch scheint es hochaktuell angesichts der blinden Flecken der Coronapolitik der Bundesregierung.

Als ob das nicht schon genug an sozialer Ungleichheit wäre, kommt noch eine *vierte* Facette hinzu. Das Immunsystem von Ärmeren und Prekärbeschäftigten

---

[21] Bertolt Brecht, „Die Schlussstrophen des Dreigroschenfilms (Anhang zu *Die Dreigroschenoper*)", in: *Gesammelte Werke / werkausgabe edition suhrkamp*, Bd. 2: *Stücke* 2, Frankfurt a.M.: Suhrkamp 1967, S. 497.

ist im Durchschnitt deutlich schlechter aufgestellt, um das Virus zu bekämpfen. Infolgedessen ist das Risiko, im Fall einer Infizierung im Krankenhaus behandelt werden zu müssen, ebenfalls deutlich höher. In Zahlen heißt das, dass Langzeiterwerbslose ein um 84 Prozent höher liegendes Hospitalisierungsrisiko haben.[22] Eine andere Untersuchung der Krankenkasse Barmer kam zu dem Ergebnis, dass dieses Risiko auch bei Leiharbeitenden drei Mal höher ist als beim Durchschnitt der Beschäftigten.[23] Das liegt ausdrücklich nicht daran, dass Ärmere weniger vorsichtig wären, sondern vielmehr tatsächlich an ihrem Immunsystem. Gesund zu wohnen, sich gesund zu ernähren, das Immunsystem mit entsprechenden Mineralien und Vitaminen zu stärken – all das muss man sich leisten können. Außerdem hat es aber auch etwas damit zu tun, mit welchen Selbstverständlichkeiten ein Mensch aufwächst. Wenn man von klein auf vermittelt bekommt, wie wichtig es ist, auf sich selbst zu achten, ist man später eher in der Lage dazu. Wer jedoch mit dem Gefühl aufwächst, nicht wirklich zu zählen oder nicht so viel wert zu sein, dem fällt später Selbstachtsamkeit im Sinn von vorsorgendem Gesundheitsschutz womöglich schwerer. Und natürlich hat auch Dauerstress einen negativen Einfluss aufs Immunsystem. Unsichere Arbeitsverhältnisse wie Leiharbeit, das Gefühl

---

[22] Higher risk of COVID-19 hospitalization for unemployed: an analysis of 1,298,416 health insured individuals in Germany. Eine Untersuchung im Auftrag der Medizinischen Universität Düsseldorf und der AOK Rheinland/Hamburg, veröffentlicht am 15.6.2020.
[23] Jörn Boewe, „Die Wirtschaft ist sicher", https://digital.freitag.de/0321/die-wirtschaft-ist-sicher [Letzter Zugriff: 20.5.2021].

ausgeliefert zu sein, nicht sicher in die nahe Zukunft planen zu können, Armut – all das verstärkt solchen negativen Stress. Die harte Erkenntnis dieser Untersuchungen lautet: Menschen mit weniger Geld und in unsicheren Jobs erkranken auch deshalb eher an Covid-19, weil ihr Körper Viren schlechter bekämpfen kann.

Zumutung Hartz IV überwinden

Die ohnehin bestehende soziale Ungerechtigkeit hat sich in der Pandemie noch verschärft. Kein Wunder, dass mit Beginn der Coronakrise bei mir, Katja, als Sozialpolitikerin der elektronische wie der klassische Briefkasten explodierte. Unzählige Menschen, die mit Existenzsorgen konfrontiert waren, meldeten sich. In der akuten Krisensituation wurde noch einmal besonders deutlich, wo das deutsche Sozialsystem schon ganz gut funktioniert, aber auch, wo es versagt. In Deutschland sind eine Krankenversicherung und ein Instrument wie Kurzarbeitergeld eine Selbstverständlichkeit. Global betrachtet sind sie das nicht. In vielen Ländern müssen solche Schutzinstrumente noch erkämpft werden, so wie sie auch hier in jahrelangen Auseinandersetzungen erstritten werden mussten.

Doch manche Berufsgruppen wurden in so ziemlich allen Regierungsmaßnahmen vergessen: diejenigen in prekären Jobs und Minijobs, Freischaffende, Soloselbstständige, Honorarkräfte und kleine und mittelständische Unternehmer:innen etwa in der Gastronomie. Die Wirtschaftshilfen beinhalteten überdies oft nur die Betriebskosten und nicht die Lebenshaltungskosten der Unternehmer:in. Ende August 2020 äußerte ein Unternehmer aus Sachsen, wäre er ein Roboter, könnte er wenigstens seine Strom- und Wartungskosten abrechnen. Aber leider Gottes sei er ein Mensch, und so könne er seine Kosten nicht abrechnen.[24] Für die Deckung der Lebenshaltungskosten gab es nur ein Angebot: Hartz IV. Für viele Freischaffende war dies eine unvorstellbare Zumutung: Ich bin doch nicht arbeitslos, ich unterliege nur gerade einem Arbeitsverbot durch den Lockdown – war immer wieder in Zuschriften zu lesen. Diese Scheu, Hartz IV zu beantragen und es nicht einfach als ein soziales Grundrecht anzusehen, ist natürlich auch das Ergebnis von jahrelanger Stimmungsmache gegen Erwerbslose.

Immerhin wurde für die akute Krisenzeit der Zugang zu Hartz IV, also zur Grundsicherung für Arbeitssuchende, erleichtert. So wurde die Miete in der bestehenden Höhe akzeptiert. Bisher mussten Hartz-IV-Betroffene ihre Wohnkosten an vorgegebene „angemessene" Wohnkosten anpassen. Das bedeutete in der Regel, dass sie ihr gewohntes Wohnumfeld verlassen mussten und es zu Zwangsumzügen kam oder sie sich die Differenz im wahrsten Sinne des Wortes vom Munde absparten. Zu den Erleichterungen gehörte auch, dass die Vermögensprüfung abgemildert wurde: Wer weniger als 60.000 Euro sofort verfügbares Geld hat, sollte

---

[24] Die Aussage fiel bei einer Gesprächsrunde im sächsischen Königstein am 26.8.2020.

vorübergehend die Grundsicherung beantragen können. In den 15 Jahren davor führte die Vermögensprüfung dazu, dass Ersparnisse fürs Alter oder Wertgegenstände vorher verkauft und aufgebraucht werden mussten. Aber selbst mit diesem erleichterten Zugang bleibt Hartz IV ein repressives System. Und so lernten plötzlich ganz neue Gruppen trotz des „erleichterten Zugangs" zur Grundsicherung die vielfältigen Tücken dieses Systems kennen.

Zu diesen Tücken gehört das Konstrukt der Bedarfsgemeinschaft, also die strikte Anrechnung des Partner:innen-Einkommens. Was bedeuten diese eher bürokratischen Begriffe in der Praxis? Eine Künstlerin beispielsweise, der alle Einnahmen durch den Lockdown wegbrechen, könnte theoretisch Grundsicherung beantragen. Dabei muss sie angeben, wie viel ihr Partner verdient. Angenommen dieser arbeitet in der Pflege. Je nach Höhe der Wohnkosten könnte ihr schon bei einem Einkommen ihres Partners von 1500 bis 2000 Euro die Grundsicherung verweigert werden. Die gesamten Kosten des Paares müssten dann allein durch das Pflegergehalt gedeckt werden. Menschen in einer Notlage werden durch diese Bedarfsgemeinschaftsregel dafür bestraft, dass der Partner oder die Partnerin einer Arbeit nachgeht.

Gerhart Baum, der Vorsitzende des Kulturrates NRW, wandte sich deshalb mit einem aufrüttelnden Schreiben an die Regierung und an den Bundestag. Sein Schreiben ist umso bemerkenswerter, als Baum bisher nicht durch besonders scharfe Polemik gegen Hartz IV auffiel. Darin heißt es: „Mit Nachdruck halten wir fest:

die Künstler*innen sind keine Bittsteller. Erfahrungsberichte von nicht wenigen Antragsteller*innen über despektierliche Behandlung in den Jobcentern, die uns erreichen, sind signifikant für den Status, den dort Künstler*innen vielfach haben. Wir hören gar von Aufforderungen, das Betriebskapital (gemeint waren Instrumente eines Profimusikers) zu veräußern oder die Ausbildung der Kinder aus Kostengründen abzubrechen."[25]

Bei einem Gespräch mit dem Schaustellerverband erfuhren wir noch einen weiteren Grund, warum Hartz IV für einige Menschen keine Option ist, obwohl ihnen ihre üblichen Einnahmen komplett wegbrachen. Der Reisegewerbeschein ist eine wichtige Arbeitsvoraussetzung für Marktkaufleute, mobile Verkäufer:innen oder Schaustellende, und er wird nur auf Widerruf erteilt. Ein wichtiges Kriterium für diesen Schein sowie bei der Beantragung von Krediten für einen neuen Transporter oder ein neues Karussell sei die finanzielle Vertrauenswürdigkeit. Einige Schaustellende befürchten – zu Recht oder Unrecht sei dahingestellt –, dass ein vorübergehender Hartz-IV-Bezug ihnen später negativ zur Last gelegt und das Geschäft erschweren würde.

Freischaffende und Selbstständige haben keinen Anspruch auf die Versicherungsleistung Arbeitslosen-

---

[25] Schreiben des Kulturrates NRW an den Bundesminister für Arbeit und Soziales Hubertus Heil sowie an die Mitglieder im Ausschuss für Arbeit und Soziales im Deutschen Bundestag vom 8.6.2020, zitiert in der Kleinen Anfrage von Katja Kipping u.a. Die Linke. Anforderungen an ein vereinfachtes Verfahren zur Beantragung der Grundsicherung – Schlussfolgerungen aus dem Schreiben des Kulturrates NRW. Drucksachennummer 19/21375.

geld. Ihnen blieb oft nur die Wahl, alle Ersparnisse fürs Alter aufzubrauchen, Kredite aufzunehmen oder doch Hartz-IV-Leistungen zu beantragen. Doch selbst diejenigen, die zunächst für eine gewisse Zeit Anspruch auf die Versicherungsleistung Arbeitslosengeld haben, spürten die Schwächen dieses Systems. Besonders gut kommt dies in dem Schreiben einer Mutter von zwei Kindern zum Ausdruck, die kurz vor der Coronapandemie ihre Arbeit verlor: „Ich betreue ein Kleinkind und beschule ein Grundschulkind mit ADHS. Sie können sich vorstellen, dass dies eine Herausforderung sein kann. Was aber erschwerend hinzukommt, ist, dass ich während der Kita- und Schulschließungen keinen Job annehmen kann. In meinen Bewerbungen kann ich keinen möglichen Einstellungstermin angeben. Daher haben wir arbeitssuchende Eltern einen großen Nachteil. Von den zwölf Monaten, welche einem normalerweise für die Jobsuche zur Verfügung stehen, während man ALG 1 bezieht, bleibt mir weniger Zeit, wenn man die ganzen Wochen der fehlenden Kinderbetreuung abzieht. Und dies bei dem aktuellen Arbeitsmarkt."[26]

Schon vor Corona war die Bezugszeit für diese Versicherungsleistung zu kurz. Mit den Erfahrungen aus der Pandemie sind weitere gute Gründe für eine Verlängerung hinzugekommen. Sozialen Schutz und Umweltschutz eng miteinander zu verknüpfen ist eine absolute Notwendigkeit. Da sich während der Pande-

---

[26] Es handelt sich um eine Mail vom 25.1.2021 an die Bundestagsabgeordnete Katja Kipping. Wir danken für die Genehmigung der Absenderin, daraus anonymisiert zu zitieren.

mie die soziale Spaltung und Verunsicherung deutlich verschärft haben, gilt umso mehr: kein Green New Deal ohne soziale Garantien. Die konsequenteste Umsetzung von sozialen Garantien und die entschiedenste Abkehr von der Hartz-IV-Logik bestehen in einem bedingungslosen Grundeinkommen. Ein Projekt, das auf einer Logik aufbaut, die immer noch für viele etwas Ungeheuerliches hat: Einfach weil man ein Mensch ist, soll man jeden Monat eine armutsfeste Summe bekommen. Das bricht mit der Erwerbsarbeitszentrierung, oder um es mit einer dem Volksmund geläufigeren Formulierung auszudrücken: Das bricht mit dem Spruch „Nur wer arbeitet, soll auch essen." Doch angesichts all der Verwerfungen in der Zeit der Pandemie geht es nicht um ein Zurück in die Zeit davor, sondern um etwas Neues. Und eine neue Zeit erfordert auch einen Bruch nach vorn.

6. EINE NEUE ZEIT UND ZEIT FÜR NEUES

Zukunftspakt = Generationenpakt

Coronavirus und Klimakollaps betreffen alle, doch die Intensität der Betroffenheit ist nicht nur nach sozialem Status, sondern auch nach Alter und Generation unterschiedlich stark ausgeprägt. An Covid-19 zu erkranken kann für alle Altersgruppen gefährlich sein und Folgeschäden verursachen. Doch im Schnitt ist bei den Älteren das Risiko eines schweren oder gar tödlichen Krankheitsverlaufs deutlich höher. Die Folgen des Klimakollapses hingegen werden wiederum die Jüngeren besonders lange und intensiv zu spüren bekommen. Wäre es da nicht an der Zeit für einen generationenüberspannenden Pakt? Zusammen gegen Klimaschock und Coronakrise; zusammen für Klimaneutralität und Stärkung des Gesundheitssystems; zusammen den Kipppunkt bei der globalen Erwärmung verhindern und die Welt besser gegen Pandemien immunisieren – das wären Ziele eines generationenübergreifenden Zukunftspaktes.[1]

Sicherlich, einzelne Maßnahmen zum Klimaschutz und akute Infektionsschutzmaßnahmen sind nicht identisch. Doch wer an die Wurzeln gehen und die Gesellschaft nachhaltig gegen Pandemien und die Kli-

[1] Vgl. dazu das Interview mit der Klimaforscherin Kira Vinke in *Chrismon* zum Klima-Corona-Generationspakt: https://chrismon.evangelisch.de/artikel/2020/50716/interview-zu-den-gemeinsamkeiten-von-corona-und-klimakrise [Letzter Zugriff: 20.5.2021].

makatastrophe immunisieren will, trifft auf ein gemeinsames Ziel: eine krisenfeste Gesellschaft. Wenn früher vom Generationenvertrag die Rede war, war damit meistens der finanzielle Ausgleich zwischen den Generationen durch Einzahlung von Beiträgen und Auszahlungen durch Renten oder Versicherungen gemeint. Oft ging es nur darum, unter dem Label Generationengerechtigkeit Sozialkürzungen und Austeritätsmaßnahmen durchzudrücken. Manchmal wurden dabei auch die Weitergabe von Wissen oder die Kommunikation zwischen den Generationen untereinander reflektiert. Gerade steht jedoch noch mehr auf dem Spiel, weswegen der Pakt zwischen den Generationen zum Zukunftspakt wird. Kurzum, es geht schlichtweg um das heutige und das zukünftige Überleben auf diesem Planeten. Und es geht auch darum, ob über das nötige Umsteuern überhaupt noch demokratisch verhandelt werden kann oder ob infolge der Extremwetterlagen unser aller Lebensweise schlichtweg über den Haufen geworfen wird. Die massenhaften Proteste von Schülerinnen und Schülern weltweit haben gezeigt, wie viel der kommenden Generation an unserem Planeten liegt. Es ist nun an denen, die aktuell die Politik prägen und beeinflussen, dafür zu sorgen, dass ihre Initiative in das politische Handeln Eingang findet.

Im Folgenden zeigen wir beispielhaft an einigen gesellschaftlichen Bereichen, wie die besonderen Verwerfungen während der Pandemie zu Ausgangspunkten für einen Aufbruch in eine neue Zeit – also ganz im Sinne eines Zukunftspaktes – werden könnten. Zu jenen, die die Kontaktbeschränkungen besonders betrafen und betreffen, gehören die Kultur- sowie die Veranstaltungsbranche. Viele davon versammelten sich unter dem Hashtag #AlarmstufeRot, um auf ihre schwierige Situation hinzuweisen.

Von #AlarmstufeRot zum kulturellen Neudurchstarten

Beim New Deal unter Roosevelt und Perkins spielte die Förderung von Kunst eine wichtige Rolle. Später berühmte Künstler:innen wie der Maler Jackson Pollock oder die Fotografin Dorothea Lange erhielten durch eine finanzielle Förderung die Möglichkeit, ihrer künstlerischen Arbeit nachzugehen. Durch Programme wie das Federal Arts Project und das Federal Writers Project, die beide aus der Work Progress Administration finanziert wurden, kam zu einer „Renaissance der staatlich geförderten Kunst".[2] Auch das befeuerte die gesellschaftliche Dynamik. Die verschiedenen künstlerischen Werke – teilweise direkt im öffentlichen Raum – trugen dazu bei, dass der Funke des Regierungshandelns auf weite Teile der Gesellschaft übersprang.

Die pandemiebedingten Einschränkungen haben schwerwiegende Auswirkungen auch für Kunst und Kultur. Wir sprachen darüber mit vielen Betroffenen, etwa mit dem Theaterregisseur Volker Lösch, dessen Stücke aktuelle Themen in Auseinandersetzung mit traditionellem Theaterstoff bearbeiten und zu deren

[2] Klein, *Warum nur ein Green New Deal unseren Planeten retten kann*, S. 308.

Kern ein Bürgerchor aus der Stadtgesellschaft gehört, der gemeinsam spricht und so reale und lokale Stimmen zu Wort kommen lässt. Er schätzt die Auswirkungen folgendermaßen ein: Es seien nicht nur die sozialen, materiellen Probleme, die Kunstschaffende umtreiben. Was in der Pandemie wegfällt, sind nicht nur die Einnahmen für die Theater und die Gagen für die Freischaffenden. Was wegfällt, so Lösch, ist der sinnliche Raum für Begegnung, die Erfahrbarkeit, die so unverzichtbar ist für den Funkenaustausch: Kunst, das sei doch immer auch Überraschung, Maßlosigkeit, Übertretung. Doch genau das Überraschende fehle. Zurzeit wisse man schon vorher, was passiert, weil die Abstände eingehalten werden. Das Mutwillige, Anarchische sei gerade weg, hoffentlich nicht für immer.

Dort, wo man Stücke mit Vorsichtsmaßnahmen einprobte, wurden sie meist auf Halde produziert. Auch der Blick auf die Zeit nach der Coronapandemie scheint trüb. Nicht ganz ohne Grund befürchten viele, dass die öffentliche Hand nach der Coronakrise zuerst bei Kunst und Kultur kürzen werde. Kunst im Zeichen der Haushaltssanierung – das heißt nun nicht gleich, dass alle Theater schließen werden. Aber das Tischtuch könnte kleiner werden. Die von Kürzungen bedrohten Einrichtungen könnten gezwungen sein, in Nachcoronazeiten eher alte Produktionen, auf jeden Fall weniger Neuproduktionen aufzuführen. Der schon vor Corona starke Verwertungsdruck wird zunehmen. Zwischen dem Aufrüttelnden und dem nur Leichtverdaulichen wird die Waage unter solchen Umständen immer öfter zu Gunsten des Letzteren ausschlagen.

Dieses kulturpolitische Horrorszenario ist zum Glück nicht alternativlos. Vorstellbar ist auch, dass im Zuge eines Zukunftspaktes, ganz wie beim New Deal unter Roosevelt und Perkins, ein künstlerischer Aufbruch befördert wird. Große Änderungen fordern große Fragen heraus, rufen Zweifel und Unsicherheiten hervor. Und Kunst bietet bestes Handwerkszeug zu ihrer Reflexion: Leere, Bedrohung, Unsicherheit, Zweifel, Widerspruch, aber auch Gemeinsames, Neugier und Begehren – all das ist in der Kunst besonders gut bearbeitbar. Kunst und Kultur könnten als Debattenräume wahrgenommen werden, die die Gesellschaft inspirieren. Theater und Clubs werden dann zu Orten und Gelegenheiten der Verhandlung.

Dabei sollten auch die digitalen Räume und sozialen Netzwerke mit ihren Beteiligungsmöglichkeiten, Streamings von Aufführungen und Lesungen mit teilweise geringeren Zugangshürden oder die einfallsreiche Nutzung des öffentlichen Raums und kreative Neuerfindung altbekannter Formate, deren Bedeutung sich insbesondere in den Lockdowns deutlich gezeigt hat, zusammen mit der Wiedereröffnung von Theatern, Kinos, Museen, Galerien, Konzerthallen, Klubs und Bibliotheken ein wichtiges Moment dieses Aufbruchs sein. Denn natürlich stand die Kultur nie vollständig still. Im besten Fall gelingt es, die Erfahrungen während der Pandemie, die geglückten Versuche und das, was so schmerzlich vermisst wurde, in etwas Neues von einem großen Reichtum an Stimmen, Perspektiven und Zugängen zu verwandeln. Kunst als Ort für Debatten, Kunst mit gesellschaftlicher Relevanz braucht dabei mehr als die Sicherheit, dass Kunst und Kultur auch das tägliche Brot einbringen, aber es braucht eben auch diese Sicherheit.

Können wir uns das leisten? Haben wir nicht schon genug mit dem sozialökologischen Umbau zu tun, mögen Skeptiker:innen fragen. Die Antwort sei hier Peter Weiss überlassen. In seinem Roman *Ästhetik des Widerstandes* lässt er den Arzt Hodann über den Stellenwert von Kunst sagen: „Kunst sei gleichbedeutend mit Humanität, hatte Hodann gesagt, denn ohne diese Anteilnahme am Leben, an diesem ständigen Kampf gegen die Selbstaufgabe, ohne diesen Drang, die Situation von immer wieder neuen Gesichtspunkten aus zu erhellen, ließe sich die weittragende Wirkung von Kunst nicht verstehen. Die Antworten der Kunst seien immer ungeheuerlich gewesen, denn als einzige wagten sie es, die Thesen der Zeit zu widerlegen, stets seien sie, auch im Schutz der Verkleidung, ihrer Gegenwart vorausgeeilt und hatten den Zerrbildern die Wahrheit entgegengestellt."[3]

Wer aufbricht, um die Welt zu verändern, kann auf die ungeheuerlichen Fragen und Antworten der Kunst nicht verzichten. Auch beim New Deal vor 90 Jahren zeigte sich, dass gesellschaftliche Aufbrüche in der Regel zusammenfallen mit künstlerischen Aufbrüchen. Insofern muss der Zukunftspakt mitdenken, was für einen künstlerischen Neubeginn nötig ist.

---

[3] Peter Weiss, *Ästhetik des Widerstandes*, Frankfurt a.M.: Suhrkamp 2005, S. 1024.

In so manchen postapokalyptischen Filmen wird eine Zukunft nach der Klimakatastrophe gezeichnet, die den Überlebenden einen reinen Überlebenskampf aufzwingt, in dem Kultur etwas Überflüssiges, Rares, Seltenes wird.[4] Doch die aktuellen Krisen zeigen vielmehr die Wichtigkeit von Kultur als Teil des Lebens auf. An dieser Stelle sei noch einmal an die Vier-in-einem-Perspektive von Frigga Haug erinnert. Ihr zufolge gehört zu einem sinnstiftenden Leben neben Zeit für Erwerbsarbeit, Sorgearbeit und politische Einmischung auch Zeit für Muße und für die Beschäftigung mit Kunst und Kultur. In einem gemeinsamen Seminar zu Dialektik erklärte sie das mit folgenden Worten: „Die Auseinandersetzung mit Kunst und Kultur ist wichtig, um unser Denken in Bewegung zu halten, um festgefahrene Gleise zu verlassen."[5] Hier deutet sich bereits an, dass die verschiedenen Ansätze, die in diesem Kapitel ausgeführt werden, nicht einfach unvermittelt nebeneinanderstehen, sondern miteinander verknüpft sind, einander ergänzen und erweitern. Kultur und Kunst im Rahmen eines Green New Deal ist insofern kein *nice to have*. Sie sind nicht, was noch obendrauf kommt, sondern unverzichtbar zur Erprobung anderer Weisen des Zusammenlebens. Kultur und Kunst liefern Impulse, die Lust auf Zukunft machen und uns die Aneignung von Fähigkeiten erleichtern, die wir für diese Zukunft brauchen.

---

[4] Siehe etwa SNOWPIERCER, Bong Joon-Ho, Südkorea/Tschechische Republik 2013.
[5] Diese Aussage fiel auf der Dialektikwoche, einer feministischen Schulung im eingreifenden Denken vom 5.–12.1.2019 auf La Palma.

Vom Rollback zur feministischen *Mission fifty-fifty*

Die Coronapandemie hat weltweit zu einem geschlechterpolitischen Rollback geführt. Dass die Schließung von Schulen, Kitas, Jugendtreffs und anderen Formen von öffentlichen Angeboten ein Mehr an privater Familienarbeit zur Folge hatte, wird jedem einleuchten. Und dass – wie durch unsichtbare Hand – es eher Frauen waren, die dieses Mehr an Familienarbeit weggetragen haben, dürfte ebenfalls bekannt sein. Nach so vielen Monaten Coronakrise gönnen wir uns zur Abwechslung eine Dosis Populärkultur – und zwar in Form der Kultserie RAUMSCHIFF ENTERPRISE. Aber sie wird uns doch, auf dem Umweg ins 24. Jahrhundert, ins Zentrum der hier aufgeworfenen Fragen führen.

In der 14. Folge der Serie RAUMSCHIFF ENTERPRISE – DAS NÄCHSTE JAHRHUNDERT gelangt die Mannschaft um Kapitän Picard in den Orbit des Planeten Angel One.[6] Auf diesem Planeten herrscht eine konstitutionelle Oligarchie mit sechs gewählten Herrinnen an der Spitze. Im Logbuch des 24. Jahrhunderts werden die dort herrschenden Zustände mit folgenden Worten beschrieben: „Die Frauen sind hier aggressiv und dominant, wie es bei uns auf der Erde früher die Männer waren." Die Männer wirken hingegen eher wie schmückendes Beiwerk, sie tragen leichte Kleidung, benutzen übermäßig Parfum, reden wenig und haben kein Wahlrecht.

---

[6] RAUMSCHIFF ENTERPRISE – DAS NÄCHSTE JAHRHUNDERT, *Planet Angel One* (S1/E14), Michael Rhoades, USA 1988.

Auf Serienfans im 21. Jahrhundert wirkt dies auf amüsante Weise absurd. Männer zu unterdrücken, ihnen nur aufgrund des Geschlechtscharakters eine dienende Funktion zuweisen, das verbucht man schnell unter STAR-TREK-Weltraum-Exotik. Doch STAR TREK wäre nicht STAR TREK, wenn da nicht noch etwas Irritation reinkäme. Beata, die oberste Anführerin im Rat der Herrinnen auf diesem Planeten, ist keine blutrünstige Despotin. Während sie bei gedämpftem Licht den Enterprise-Commander William Riker verführt, spricht sie über das andere Geschlecht mit Sätzen wie „Wir wollen nur das Beste für unsere Männer." Oder: „In unserer Gesellschaft sind es die Männer, die das bessere Los gezogen haben. Sie können genießen, was das Leben zu bieten hat. Während wir Frauen uns der Aufgabe widmen, die Ordnung auf dieser Welt aufrechtzuerhalten."

Und nun ein kleines Gedankenexperiment: Man tausche in diesen Sätzen die Wörter „Männer" und „Frauen" und stelle sich vor, sie würden mit jovialer, sonorer Stimme gesprochen: „Wir wollen nur das Beste für unsere Frauen ... " Plötzlich klingt es gar nicht mehr nach einer Welt, die man sicher Lichtjahre entfernt weiß, sondern eher nach: noch gar nicht so lange her.

Auf dem Planeten Erde im 21. Jahrhundert haben Frauen zwar anders als auf dem Planeten Angel One inzwischen das Wahlrecht für sich erkämpft. Aber immer noch tragen sie einen Großteil der unbezahlten Familienarbeit (im Schnitt 50 Prozent mehr als die Männer) und der unterbezahlten Sorgearbeit etwa in der Pflege. Männer besetzen dagegen einen Großteil der hochbezahlten Spitzenjobs. Infolgedessen sind Frauen deutlich häufiger von Armut bedroht.

Und natürlich wird auf der Erde diese ungerechte Arbeitsteilung oft nicht mehr allein mit grausamer Knute durchgesetzt, sondern viel eher durch den mal mehr, mal weniger sanften Zwang der Verhältnisse und der darin vermittelten Rollenmuster. Aufopferung für die liebevolle, wunderbare Familienarbeit wird dann allerdings in der Regel mit niedrigeren Renten im Alter und weniger Einfluss auf die Richtungsentscheidungen in Politik und Wirtschaft „belohnt". Als Feministinnen träumen wir nun ausdrücklich nicht von einer Welt, in der die Rollen von Männern und Frauen einfach getauscht werden. Vielmehr ist unser Leitbild eine Welt, in der die aufregenden Spitzenpositionen sowie die wunderbare Care-Arbeit gerecht zwischen den Geschlechtern aufgeteilt werden. Das bezeichnen wir als feministische *Mission fifty-fifty*. Diese ist wiederum von der Vier-in-einem-Perspektive inspiriert, wonach im Leben von allen gleichermaßen Raum für Sorgearbeit, Erwerbsarbeit, gesellschaftliche Einmischung und Muße sein sollte.

Wer diese Vorstellung zur Diskussion stellt, kann ganz verschiedene Reaktionen erleben: Dass Männer mehr Sorgearbeit leisten sollen oder dürfen, wird weitgehend akzeptiert, auch wenn die Realität davon weit entfernt ist. Täglich vier Stunden gesellschaftliche Einmischung, also Politik – das erscheint vielen hingegen noch als eine Zumutung. Doch wer einmal bei einer Protestbewegung mitmacht oder eine Mieterinitiative gründet, merkt schnell, wie wichtig Zeit dafür ist, um wirklich gemeinsam mit anderen wirksam sein zu können. Bei vielen weckt das Sehnsucht. Doch so ein Engagement in den bestehenden Verhältnissen umzusetzen, ist oft unmöglich. Insofern ist diese Perspektive auch eine Erinnerung daran, die Verhältnisse ganz grundlegend und auf dem Weg dahin die eigene Praxis zu verändern.

Zurück zur Populärkultur: Um es mit den Worten von Commander Riker im abendlichen Dialog mit der Herrin Beata zu sagen: „Auf unserer Welt teilen wir uns Verantwortung und Freude zu gleichen Teilen." Das wäre etwas, worauf wir nicht bis zum 24. Jahrhundert warten sollten.

Vom Dauerstress zur Vier-Tage-Woche

Neben den feministischen Fragestellungen nach einer gerechteren Verteilung der Tätigkeiten zwischen den Geschlechtern lieferte die Zunahme von Stress und stressbedingten Krankheiten gute Gründe für die Notwendigkeit von Arbeitszeitverkürzung. Während der Coronakrise erfuhr das Thema besonderen Zuspruch. In dieser Zeit spürten viele starke Erschöpfung, denn sie mussten ihre Kinder unterrichten, möglicherweise pflegebedürftige Angehörige oder betagtere Eltern mitversorgen, sich sozial isolieren und ständig auf neue Situationen einstellen. Die Coronapandemie war für viele keine Zeit der Entschleunigung. Ganz im Gegenteil wurde die Vereinbarkeit von Erwerbsarbeit und der Versorgung von Angehörigen (Kindern und

Eltern) zu einer besonderen Belastung, auch weil vorübergehend alle Unterstützungsangebote wegfielen und das stundenlange Arbeiten mit Masken stärker anstrengt, mehr Energie erfordert.

Um diesen Umstand zu thematisieren und dabei die Debatte um Arbeitszeitverkürzung voranzubringen, brachten wir im Sommer 2020 die Vier-Tage-Woche öffentlich ins Gespräch. Die Idee dahinter ist weniger, eine starre Arbeitswoche (nur noch vier Tage) vorzuschreiben, als die Umsetzung von Arbeitszeitverkürzung vorstellbarer zu machen. Angepeilt wird eine Arbeitsweise (und -zeit), die zum jeweiligen Leben passt. Die kann als Vier-Tage-Woche mit längeren Urlaubszeiten, in Form einer 30-Stunden-Woche oder mit dem Recht auf Sabbathzeiten, also Auszeiten, umgesetzt werden. Was jeweils für sie geeignet ist, wissen die Betreffenden selbst am besten. Die Einführung der Vier-Tage-Woche kann dabei entweder in Tarifkämpfen zwischen Unternehmerseite und Gewerkschaftsseite erstritten oder staatlich mit entsprechenden Anreizen und Zuschüssen zum Lohnausgleich an Betriebe, die diese umsetzen, angeschoben werden.

Für diesen Ansatz spricht auch, dass dadurch die Produktivität der Beschäftigten steigt und die Anzahl der Fehltage sinkt. Dass eine kürzere Arbeitszeit bei Lohnausgleich sich auch betriebswirtschaftlich lohnt, haben einige Firmen vorgemacht. Ein Beispiel ist der Microsoft-Zweig in Japan,[7] der die 4-Tage-Woche ein-

---

[7] Kari Paul, „Microsoft Japan tested a four-day work week and productivity jumped by 40%", https://www.theguardian.com/technology/2019/nov/04/microsoft-japan-four-day-work-week-productivity [Letzter Zugriff: 20.5.2021].

führte und berichtet, dass die erbrachte Leistung pro Beschäftigtem sich im Versuchszeitraum um knapp 40 Prozent steigerte. Auch hierzulande gibt es dafür Belege, so testete das Start-up Bikecitizens mit Büros in Graz und Berlin im Jahr 2014 die Vier-Tage-Woche – und blieb dabei.[8] Auch wenn sich das sicher nicht überall gleichermaßen erfolgreich wiederholen lässt, kann angesichts solcher Ergebnisse niemand mehr pauschal sagen, dass eine Vier-Tage-Woche unrealistisch oder unwirtschaftlich sei.

Forschungen zum Zusammenhang von Arbeitszeit und Ökologie liefern zudem Indizien, dass eine Vier-Tage-Woche auch einen wichtigen Beitrag zum Klimaschutz leisten kann. Weniger Arbeitstage bedeutet weniger Pendeln im Berufsverkehr. Arbeitszeitverdichtung und Stress befeuern hingegen den kompensatorischen Konsum. Studien kommen zu dem Ergebnis, dass eine Reduktion der Arbeitszeit um 25 Prozent zu 20 Prozent weniger CO_2-Emissionen[9] führen würde. Andere Studien sprechen sogar von 30-prozentiger Kürzung des CO_2-Fußabdruckes.[10] Auf jeden Fall wäre die Vier-Tage-Woche also ein Booster für den Klimaschutz.

---

[8] Tobias Heimbach, „Vier-Tage-Woche", https://www.businessinsider.de/politik/deutschland/arbeitszeit-vier-tage-woche-oekonomen-warnen-doch-ein-startup-zeigt-dass-es-funktionieren-kann-kipping/ [Letzter Zugriff: 20.5.2021].
[9] „The Shorter Working Week: a powerful tool to drastically reduce carbon emissions. A briefing from Autonomy", http://autonomy.work/wp-content/uploads/2019/05/Fridays4FutureV2.pdf [Letzter Zugriff: 23.5.2021]. Basierend auf Berechnungen von Jonas Nässén und Jörgen Larsson von 2015.
[10] Ebd., basierend auf Untersuchungen um das Team Kylie Knight und Juliet Schor im Jahr 2012.

Eine weitere Stärke der Vier-Tage-Woche besteht darin, dass sich unterschiedliche Milieus auf sie beziehen können: der Kreativarbeiter am Laptop ebenso wie die Stahlarbeiterin der IG Metall. Die einen bevorzugen dieses Modell, um konzentrierte Mußezeiten, die notwendig für Kreativität sind, einplanen zu können, die anderen, weil in ihrer Branche Umbrüche anstehen, und wieder andere, weil sie neben Erwerbsarbeit und Familienarbeit ein Zeitfenster für sich brauchen, um innezuhalten, sich selbst spüren und weiterentwickeln zu können. Angesichts der anstehenden Umbrüche in der Automobilbranche wurde die Vier-Tage-Woche auch von der IG Metall unterstützt und floss in abgemilderter Version, als Wahloption mit teilweisem Lohnausgleich, in den aktuellen Tarifabschluss mit ein.

Auf den Vorschlag gab es aber auch heftige Gegenwehr, der sich besser begegnen lässt, vergegenwärtigt man sich die Geschichte der Kämpfe um Arbeitszeit. Die Kämpfe um Arbeitszeitverkürzung haben eine beeindruckende Tradition. Es gab eine Zeit, da galt die Begrenzung von Kinderarbeit als Überregulierung, die es aus Sicht der Unternehmerseite unbedingt zu verhindern galt. Welche Wahnsinnsblüten diese Abwehrkämpfe des Kapitals trieben, lässt sich im Abschnitt zum Kampf um den Normalarbeitstag im *Kapital* von Karl Marx nachlesen.[11] Daraus lässt sich vor allem eins ableiten: Die Verfügungsgewalt über das eigene Leben

---

[11] Karl Marx, *Das Kapital. Kritik der politischen Ökonomie. Ausgabe in zwei Bänden*, Bd. 1, Leipzig: Faber & Faber 2007, S. 291ff.

wurde den Menschen noch nie auf dem Silbertablett präsentiert, sondern musste stets auch gegen Widerstände durchgesetzt werden. Das war auch so, als die Beschäftigten in den 1950er und 1960er Jahren für die Fünf-Tage-Woche kämpften. Der damals prophezeite wirtschaftliche Schaden blieb aus. 1994 rettete VW durch die Einführung der Vier-Tage-Woche 30 000 Arbeitsplätze. Die Vereinbarung blieb über zehn Jahre in Kraft.

Die Vier-Tage-Woche weist über die akute Coronakrise hinaus und eröffnet eine Perspektive für die Arbeitswelt der Zukunft. Die Produktivität hat in Deutschland in den letzten Jahrzehnten zugelegt. Es existiert keine Notwendigkeit dafür, dass sich Beschäftigte bis zur Erschöpfung an der Werkbank abrackern. Diese Notwendigkeit wird künstlich erzeugt, von denen, die ein Maximum an Profit aus der Arbeitskraft ihrer Beschäftigten ziehen wollen. Volkswirtschaftlich ist aber genau das teuer, denn die Kosten für die Krankheiten und Unfälle, die zum Beispiel durch Stress und Arbeitsbelastung entstehen, trägt die Gemeinschaft. Die Zahl der Fehltage infolge von stressbedingten Krankheiten nimmt zu.[12] Diese volkswirtschaftlichen Kosten könnten reduziert werden. Wird weiter wie bisher gewirtschaftet, kommt noch eine ganz andere Rechnung auf uns zu.

---

[12] So hat sich allein von 2007 auf 2017 die Zahl der Krankentage wegen psychischer Probleme mehr als verdoppelt. Die Ausfallkosten für Fehltage wegen psychischer Probleme, die oft stressbedingt sind, haben sich sogar verdreifacht von 12,4 Mrd. Euro auf 33,9 Mrd. Euro. https://www.zdf.de/nachrichten/heute/krankentage-wegen-psychischer-probleme-verdoppelt-100.html / [Letzter Zugriff: 23.5.2021].

Spätestens an dieser Stelle wird ein Unterschied zum historischen New Deal unter Roosevelt und Perkins deutlich. Der New Deal vor 90 Jahren war vorrangig dem Ziel verpflichtet, mehr Arbeitsplätze zu schaffen. Damals war dies eine Antwort auf die Massenarbeitslosigkeit, was zwar der Bedürfnislage großer Teile der Bevölkerung entsprach, aber auch auf die blinden Flecken des historischen Deals verweist, zu denen die ökologischen Kosten gehören. Der Green New Deal als Zukunftspakt nimmt hingegen im Hinblick auf die Frage der Arbeit eine quantitativ und qualitativ wichtige Verschiebung vor, denn er zielt ausdrücklich nicht abstrakt auf einen Zuwachs von Erwerbsarbeit ab. Vielmehr mahnt er an, Arbeiten auch daraufhin zu sichten, ob sie notwendig sind und welche ökologischen Kosten sie verursachen. Außerdem aber geht es dabei um ein neues Verständnis von Wohlstand, zu dem Zeitwohlstand für alle gehört.

Doch natürlich gibt es konkrete Bereiche, in denen auch ein Green New Deal als Zukunftspakt mehr Stellen schaffen muss und will, z.B. in der Bildung sowie im Pflege- und Gesundheitssektor. Dort ist die Personaldecke schon ohne die oben entwickelte Arbeitszeitverkürzung viel zu dünn und die Belastung der Beschäftigten daher zu groß. Insofern würde Arbeitszeitverkürzung erfordern, deutlich mehr Personal einzustellen. Außerdem müssten diese Berufe attraktiver werden, um mehr Menschen zu motivieren, darin zu arbeiten. Allerdings setzt das den Willen, andere Vergütungssysteme durchzusetzen, voraus. Um mehr Menschen für den Pflegeberuf zu gewinnen, muss er deutlich besser entlohnt werden. Bisher gilt in der Regel, wer sich für die Arbeit am und mit Menschen z.B. in der Pflege entscheidet, erhält deutlich weniger als derjenige, der sich für die Herstellung von Autos entscheidet. Eine Gewichtung, die es zu überwinden gilt.

Bessere Gesundheit, weniger Stress, weniger Burnout, höhere Produktivität, faire Verteilung von Arbeit, bessere Vereinbarkeit von Familie und Beruf, Zeitwohlstand, Geschlechtergerechtigkeit und, last but not least, weniger CO_2-Emissionen sind positive Folgen von Arbeitszeitverkürzung. Zudem erleichtert sie notwendige Konversionsprogramme in der Industrie. Wäre das nicht erstrebenswert? Letztlich geht es um eine Ressource, die unendlich kostbar ist, weil sie in jedem Leben endlich ist: Lebenszeit.

Selbstverständlich sollte es dabei einen Lohnausgleich geben – zumindest für Menschen mit niedrigen und mittleren Einkommen. Schließlich wird die Idee der Vier-Tage-Woche ad absurdum geführt, wenn sich die Beschäftigten am fünften Tag einen Zweitjob besorgen müssen, weil der Lohn von vier Tagen nicht für ein auskömmliches Leben reicht. Dieser Lohnausgleich kann tariflich erkämpft werden, was noch mal unterstreicht, wie wichtig kämpferische Gewerkschaften ebenso wie kraftvolle soziale Bewegungen für die Durchsetzung des New Deals sind. Oder es kommt zur Einführung eines Grundeinkommens. Wenn alle Bürger:innen im Monat 1.200 Euro bekämen, wäre dies ein enormer Katalysator für selbstbestimmte Arbeitszeitverkürzung.

Von Existenzangst zum Grundeinkommen

In dem Roman *Eine Milliarde für Süderlenau* spielt die Autorin Astrid Wenke literarisch durch, was für Debatten in einem kleinen Ort aufflammen könnten, wenn allen Einwohner:innen fünf Jahre lang ein Grundeinkommen von monatlich 1.000 Euro in Aussicht stünde.[13] Für die Entfaltung der Handlung adaptiert die Autorin ein Grundelement des bekannten Dürrenmatt-Stücks *Der Besuch der alten Dame*.[14] In hohem Alter kehrt die inzwischen steinreich gewordene Margot Kraus in ihre Heimat zurück und bietet eine Milliarde an, um allen in Süderlenau fünf Jahre lang ein Grundeinkommen zu finanzieren. Die Hoffnungen, aber auch die Sorgen, die daraufhin aufbrechen, werden im Roman eingeflochten in die privaten Wirren im Leben der Musiklehrerin Katharina. Diese Protagonistin wurde – wie sich später herausstellt – als kleines Kind von ihrer Mutter Margot Krause im Ort zurückgelassen. Ein Grundeinkommen – das ermöglicht, auch Nein zu sagen: Nein zu ausbeuterischen Arbeitsverhältnissen, aber auch zu ökonomischen Abhängigkeiten innerhalb der Familie. Das ist, so zeigt der Roman, eine Freiheit, die einerseits begeistert und andererseits verunsichert.

Das Wort Grundeinkommen löst nicht nur in Romanen, sondern auch bei Alltagsgesprächen und politischen Debatten immer wieder leidenschaftliche Reak-

---

[13] Astrid Wenke, *Eine Milliarde für Süderlenau*, Berlin: Krug & Schadenberg 2013.
[14] Friedrich Dürrenmatt, *Der Besuch der alten Dame. Eine tragische Komödie, Neufassung*, Zürich: Diogenes 1980.

tion aus – von energischer Abwehr bis hin zu kompromissloser Befürwortung. Dass alle garantiert vor Armut geschützt seien, dass niemand Angst haben müsse, ins Bodenlose zu fallen – diese Bedingungslosigkeit strahlt etwas Ungeheuerliches aus. Und in diesem Fall ist es genau diese Ungeheuerlichkeit, das Infragestellen der Maxime „Aber-das-muss-man-sich-doch-verdienen", das gedanklich weiterbringt. Schließlich setzt genau diese Herangehensweise die sozialen Menschenrechte konsequent um.

Schon vor der Coronakrise waren wir vom Grundeinkommen überzeugt und engagieren uns seit fast zwei Jahrzehnten dafür. Die Pandemie hat noch einmal vorgeführt, wie schnell es manchmal gehen kann. Gerade noch sind die Auftragsbücher voll, läuft das Geschäft gut, und die Einnahmen kommen rein. Plötzlich steht man beruflich vor dem Aus. Für solche Situationen hat das bisherige Sozialsystem keine überzeugenden Antworten. Es ist demzufolge kein Zufall, dass angesichts der aktuellen Einkommenseinbrüche die Idee eines bedingungslosen Grundeinkommens enormen gesellschaftlichen Rückenwind erhält.[15]

Die Begründungszugänge zur Idee des Grundeinkommens sind vielfältig. Sie reichen von der Kritik der Erwerbsarbeitszentrierung über die Universalität von sozialen Rechten oder sozialpolitische Begründungen bis zu ökologischen Überlegungen. Besonders über-

---

[15] Die BAG Grundeinkommen bei der Linken entwickelte beispielsweise ein konkretes Modell für ein (Not-)Grundeinkommen: https://www.die-linke-grundeinkommen.de/fileadmin/lcmsbaggrundeinkommen/PDF/21-02-_26_Not-Grundeinkommen_2021_12Monate.pdf [Letzter Zugriff: 20.5.2021].

zeugend ist dabei auch ein demokratietheoretischer Zugang. Schließlich lebt Demokratie davon, dass jede und jeder zu jeder Zeit die Möglichkeit der politischen Einmischung und Willensbildung hat. Das Wahrnehmen von demokratischen Grundrechten erfordert keinen Reichtum, aber ein Mindestmaß an materieller Absicherung, um Zugang zu Informationsquellen zu haben oder die Teilnahme an verschiedenen Formen der Willensbildung und Meinungskundgabe, wie Treffen von Bürgerinitiativen und Demonstrationen, zu ermöglichen. Und diese Option muss, nimmt sich die Demokratie selbst ernst, für alle unabhängig davon bestehen, ob man Erfolg auf dem Erwerbsarbeitsmarkt hatte oder sich auf einem Amt oder dem Jobcenter als einer Grundsicherungsleistung würdig erwiesen hat.

Darüber hinaus nimmt angesichts der anstehenden gesellschaftlichen Umbrüche der Stellenwert einer derart garantierten Absicherung an Bedeutung zu. Schließlich stehen dem Erwerbsarbeitsmarkt enorme Veränderungen bevor. Der sechste Armuts- und Reichtumsbericht rechnet eher konservativ damit, dass in den kommenden zehn Jahren 1,7 Millionen Arbeitsplätze wegfallen werden, während in anderen Bereichen in der gleichen Zeit ein zusätzlicher Bedarf von zwei Millionen Arbeitskräften entsteht.[16] In dieser Rechnung sind aber nicht die Verschiebungen einbe-

---

[16] Lebenslagen in Deutschland – der Sechste Armuts- und Reichtumsbericht der Bundesregierung, 2021. S. 37. https://www.bmas.de/SharedDocs/Downloads/DE/Soziale-Sicherung/6-arb-langfassung.pdf;jsessionid=DF08C5292F5 CE516E4DD31AC3B7C7A7B.delivery1-replication?__blob=publicationFile&v=3, [Letzter Zugriff: 23.5.2021].

rechnet, die möglicherweise im Zuge der im Green New Deal anvisierten Agrar-, Bau-, Verkehrs- und Energiewende zu erwarten sind.

Angesichts dieser enormen Verschiebungen in der Erwerbsarbeitswelt kommt auch dem Thema Weiterbildung sowie der Möglichkeit zu Auszeiten zur Neuorientierung eine weitreichende Bedeutung zu. Hieran knüpfen Überlegungen für Sabbaticals, also dem Anrecht auf eine finanzielle abgesicherte Auszeit von maximal einem Jahr, an. Der tägliche Strudel aus Erwerbs- und Familienarbeit kann Menschen so in Beschlag nehmen, dass die grundsätzliche Reflexion über eine anstehende berufliche Neuorientierung schwerfällt. Auszeiten ermöglichen es, den Kopf freizubekommen, sich umzuhören, nachzuschauen oder nachzuschlagen, vielleicht auch reinzuschnuppern in andere Tätigkeitsfelder und letztlich auch in sich selber hineinzuhorchen, denn eine berufliche Neuorientierung will gut überlegt sein. Auch die Frage nach der Finanzierung einer beruflichen Neuorientierung muss gestellt werden – sowohl für die laufenden Lebenskosten wie für die Weiterbildungsinstitutionen. Dies wäre entweder über betriebliche Lösungen zu ermöglichen, wenn eine Veränderung im Rahmen der bisherigen Arbeitsstelle sinnvoll erscheint, oder aber in Form eines Weiterbildungsgrundeinkommens.

Das Zentrum für Liberale Moderne hat dazu den konkreten Vorschlag für ein Bildungsgrundeinkommen unterbreitet,[17] bei dem jede Bürger:in das Recht darauf hätte, bis maximal 36 Monate lang monatlich 1.200 Euro zu erhalten, und zwar zuzüglich Kinderzuschläge und der Kostenübernahme für etwaige Kurse. Solch ein Bildungsgrundeinkommen ist ein guter Einstieg und sollte umgehend eingeführt werden. Angesichts all der akuten und der drohenden Unsicherheiten gehört darüber hinaus der garantierte Schutz vor Armut, am besten in Form des bedingungslosen Grundeinkommens, dringend auf die Agenda des Zukunftspaktes.

Der Green New Deal als Zukunftspakt muss ausdrücklich nicht heißen, dass unser aller Leben ärmer wird. Ganz im Gegenteil: Unsere Vorschläge zielen auf eine neue Form von Lebensgenuss. Gerade weil so viel auf dem Spiel steht, war es uns wichtig, dies hier exemplarisch aufzuzeigen. Auch deshalb ist die Durchsetzung des Zukunftspaktes so essenziell.

---

[17] Ralf Fücks, Rainald Manthe, Claudia Münch u.a., *Das Bildungsgrundeinkommen. Vorschlag für eine neue Weiterbildungsfinanzierung*, Berlin: Zentrum Liberale Moderne 2021, https://libmod.de/wp-content/uploads/LibMod_Bildungsgrundeinkommen.pdf [Letzter Zugriff: 23.5.2021].

7. AM ENDE DES TAGES EINE FRAGE DER UMSETZUNG

Unterm Strich ist angesichts all der vielen Bücher, Podcasts, Dokumentarfilme und Beiträge zum Klimawandel festzuhalten: Es gibt kein Erkenntnisproblem bezüglich der Dringlichkeit von Klimaschutz. Es gibt außerdem bereits viele gute Vorschläge und ausgearbeitete Konzepte, welche Maßnahmen umzusetzen wären. Einige wurden in den vorangegangenen Kapiteln skizziert, und einige haben wir selbst entworfen. Das Problem liegt auf einer anderen Ebene, und zwar auf der Ebene der Durchsetzung. Deshalb kommt, wer vom Grundsatz des Green New Deal überzeugt ist, letztlich nicht um eine Frage herum: die Frage der Macht und Möglichkeit zur Durchsetzung. Diese Frage wurde hierzulande anders als im angelsächsischen Raum bisher kaum ernsthaft bearbeitet. Das ist einerseits eine echte Unterlassungssünde, die zudem jenen Kräften in die Hände spielt, die kein Interesse an einem Green New Deal haben – ganz konkret den Klimaleugnern und jenen Konzernen, deren Geschäftsmodell auf der doppelten Ausbeutung von Mensch und Natur basiert. Andererseits ist das Zurückschrecken vor der Umsetzungsfrage verständlich, denn die Beantwortung dieser Frage erfordert, sich heraus aus der eigenen Komfortzone der guten Ideen und aufs Parkett der konkreten Politik, ja letztlich sogar der Parteienpolitik zu begeben. Und in der Tat ist dieser

Schritt risikoreich, sind Irrungen und Wirrungen nicht ausgeschlossen.

Variationen der Verdrängung

In klassischen Theaterstücken ist oft kurz vor dem Finale ein retardierendes Moment gesetzt, das die Auflösung der Handlung noch einmal aufhält und für Irritation sorgt. Nun ist dieser Text kein Drama und kein Bühnenstück, sondern ein Essay. Kurz innezuhalten und zu reflektieren, wo die gesellschaftliche und politische Linke steht und welche Irrungen und Wirrungen sie umtreiben, erscheint dennoch angebracht. Wenn es stimmt, dass eine neue Zeit anbricht, so ist es nur logisch, vor diesem Hintergrund auch alte Gewohnheiten zu überprüfen und Reaktionen auf die sich anbahnenden Veränderung auf ihre Wirksamkeit zu befragen. Die derzeitige Umbruchssituation ist durch vier Aspekte geprägt: *Erstens* zeichnet sie eine Krise des Neoliberalismus als hegemonialem Modell der Gesellschaftsorganisation aus, dessen Hochzeit vorbei zu sein scheint und dessen normative Bindung nachlässt. *Zweitens* ist durch den weltweiten Aufstieg des Rechtspopulismus die Gefahr einer offen autoritären Option gegeben, die es zu verhindern gilt. *Drittens* ist die Notwendigkeit, die sich immer stärker ins öffentliche Bewusstsein drängende Klimakrise abzuwenden, offenkundig geworden. *Viertens* hat die Pandemie gezeigt, wie dringend es ist, die Weichen der gesellschaftlichen Veränderungen auch in Richtung

Krisenfestigkeit zu stellen. Vor dem Hintergrund dieser vier Merkmale vollführt die politische Linke insgesamt eine Suchbewegung mit offenem Ausgang.

Bei dieser Suchbewegung sind viele ermutigende Neuaufstellungen zu beobachten, aber auch verschiedene Variationen davon, die anstehenden Aufgaben zu verdrängen. Man kann diese Verdrängung als Politik der Selbstbezüglichkeit begreifen. Sie findet beispielsweise überall dort statt, wo die Kommunikation vor allem auf Selbstbestätigung durch rigorose kulturalisierte Abgrenzung zielt. So sind Einzelne der Auffassung, man müsse sich in Zeiten globaler Krisen besonders vehement auf den Lebensstil deutscher Mittelschichten (die dann oft irreführend „Arbeiter" genannt werden) zurückziehen, wie es etwa die Internetseite Aufstehen erfolglos versuchte und wie es im Frühling 2021 erneut von dem SPD-Politiker Wolfgang Thierse eingefordert wurde. Er folgte damit einem Muster, das schon vor einigen Jahren Peer Steinbrück in seinem Buch *Das Elend der Sozialdemokratie* etabliert hat. Steinbrück, der selber die soziale Entsicherung der Agenda 2010 mit durchgepeitscht und damit seine Partei tatsächlich von einem Teil ihrer Stammwähler nachhaltig entfremdet hat, wollte die Schuld für diese Entfremdung den eher zaghaften feministischen und antirassistischen Ansätzen in der SPD in die Schuhe schieben.

Eine andere Variation der Verdrängung ist zu beobachten, wenn die Kämpfe zur strukturellen Überwindung von Sexismus, Rassismus und Patriarchat ersetzt werden durch eine Selbstoptimierung in der eigenen

Blase, wenn allein auf „prozedurale" Optimierung und „Virtue Signalling" gesetzt wird. Wenn es ausschließlich darum geht, die eigene Organisation als „optimal" und „inklusiv" darzustellen, und dabei die Veränderung der Verhältnisse hinten runterfällt, weil der komplexe Zusammenhang zwischen Selbst- und Weltveränderung nicht mehr gedacht oder zu einer Seite aufgelöst wird, dann ist dies weniger wichtige Selbstreflexion als folgenlose Selbstgeißelung.

Eine dritte Variation besteht in der voluntaristischen Aufzählung, welche Themen denn jetzt endlich mal zu setzen wären. Von dieser Neigung sind auch wir beide nicht immer frei. Doch letztlich haben wir in unserem bisherigen Engagement immer wieder die Erfahrung gemacht: Das Setzen von Themen dergestalt, dass sich die Öffentlichkeit daran abarbeitet und eine gesellschaftliche Resonanz entsteht, die für ihre politische Durchsetzung nötig ist, ist harte Arbeit. Manchmal muss man dafür jahrelang wie ein Maulwurf den Boden vorbereiten, manchmal gilt es, ein sich eröffnendes Gelegenheitsfenster zu nutzen. So wichtig einzelne Themen sind, man muss schon zeigen, wie die handelnden Akteure dazu in der Lage sind, ihnen praktische oder mindestens diskursive Relevanz zu verleihen. Das erfordert kontinuierliche politische Arbeit und Organisierung.

Und damit kommen wir zurück zum Leitthema dieses Essays, dem Green New Deal als Zukunftspakt: Seine Stärke besteht gerade darin, dass er an Alltagserfahrungen anknüpfend einerseits auf umfassende Veränderung abstellt und zugleich bereits weltweit diskutiert wird, gelegentlich sogar einige diskursive Schlagkraft entfaltet hat. Diese gilt es zu verstärken auch durch das, was als Allianzen des Gemeinsamen bezeichnet werden soll. Die praktische Relevanz stellt sich wiederum ein in Verbindung mit der Frage nach Regierungsmehrheiten, denn der Green New Deal als Zukunftspakt wäre die übergeordnete Aufgabe für neue linke Mehrheiten, also für sozialökologische Regierungsmehrheiten links von Union und FDP.

Allianzen des Gemeinsamen

Dem italienischen Sozialisten Antonio Gramsci verdankt sich die Erkenntnis, dass Hegemonien, also das, was im Alltagsverstand und in Diskursen als selbstverständlich gilt, wichtig für die gesellschaftlichen Machtverhältnisse sind. In den *Gefängnisheften*, die er während seiner langen Inhaftierung zur Zeit des italienischen Faschismus verfasste, entwirft er eine Hegemonietheorie, wonach eine Gruppe oder ein Anliegen dann hegemonial werden kann, wenn es gelingt, die jeweiligen Interessen als allgemeine Interessen zu verankern.[1] Das Ringen um Hegemonie findet vor allem auf dem Feld der Zivilgesellschaft mit all ihren Institutionen und Organisationen statt.

Auf den Green New Deal übertragen heißt das: Um die Weichen so zu stellen, dass die Gesellschaft in Zukunft krisenfester ist, sind Allianzen des Gemeinsa-

---

[1] Antonio Gramsci, *Gefängnishefte*, 10 Bd., Hamburg: Argument 2012.

men für einen Zukunftspakt notwendig. Zu solchen Allianzen könnten die Parteien links der Union, Gewerkschaften, Sozialverbände, Träger der Zivilgesellschaft, die Kirchen und soziale Bewegungen gehören: letztlich alle, die sehen, dass Gesellschaft nur neu ausgerichtet werden kann, wenn wir sozialökologisch umsteuern und uns vom Primat des Marktes verabschieden.

Am Beispiel der Energiewende sei hier erläutert, warum diese Allianzen so wichtig sind. Denn erst im Zusammenspiel der verschiedenen Kompetenzen der Parteien links der Union und ihrer jeweiligen gesellschaftlichen Verankerungen, im Zusammenspiel mit Zivilgesellschaft und politischen Bewegungen kann eine derart große Aufgabe gelingen. Klar ist, konsequenter Klimaschutz bedarf des raschen und konsequenten Ausbaus erneuerbarer Energien. Die Kompetenz der Umweltbewegung, der Grünen und ihres gesellschaftlichen Umfelds bei der Förderung von erneuerbaren Energien ist bekannt. Doch besteht die Gefahr, dass der Ausstieg aus der Kohle zum sozialen Bumerang wird, der schließlich sogar den rechten Klimawandelleugnern noch mehr Zuspruch verschafft. Um das zu verhindern, muss der notwendige Umbau mit sozialen Maßnahmen wie Beschäftigungs- und Einkommensgarantien für die bisher in der Kohlegewinnung Beschäftigten flankiert werden. Hier sind Sozialverbände, die stark in den Gewerkschaften wirkende SPD und die soziale Verankerung der Linken in den ostdeutschen Bundesländern wichtig, um die Gesellschaft mitzunehmen. Zudem gilt es zu verhindern, dass höhere Heiz- und Stromkosten Ärmere zum kollektiven Frieren im Dunkeln verurteilen. Dabei kommt die soziale Kompetenz der Linken ins Spiel, die dazu bereits entsprechende Stromtarif-Konzepte vorgelegt hat. Und *last but not least*: Energiewende heißt auch, dezentrale Lösungen zu stärken, also die Eigentumsfrage ganz konkret zu stellen. Schließlich sollen nicht neue Energiemonopole und damit neue Abhängigkeiten entstehen. Dafür ist pragmatische Umsetzungskraft vor Ort ebenso nötig wie die Bereitschaft, sich mit den großen Energiekonzernen anzulegen. Auch dabei kann die Verschiedenheit der Akteur:innen sowie der drei Parteien links der Union hilfreich sein, so sie denn zusammen ihre Wirkung entfalten.[2]

Für den Zukunftspakt gilt es also, den Mut zu fassen, ins Gemeinsame zu gehen. Die Aufgaben solcher Allianzen bestünden dann etwa darin, immer wieder an die Dringlichkeit des Umsteuerns zu erinnern und die gesellschaftliche Fantasie, wohin die Reise gehen könnte, anzuregen. Sie müssten gegenhalten gegen Fake-News der Klima- und Coronaleugner und den Einfluss von Lobbygruppen, deren Profitinteressen dem Zukunftspakt entgegenstehen, eindämmen – und zwar nicht zuletzt durch Druck auf die politischen Parteien, die letztlich in den Parlamenten die entscheidenden politischen und gesetzlichen Weichenstellungen vornehmen müssen.

---

[2] Vgl. Kipping, *Neue linke Mehrheiten*, S. 54.

Neue linke Mehrheiten

Der aus den Debatten um den Green New Deal und den Erfahrungen der Coronapandemie heraus entwickelte Zukunftspakt hat nur dann eine Aussicht darauf, in Angriff genommen zu werden, wenn es in den Parlamenten, im Bundestag und in der Bundesregierung zu anderen Mehrheiten kommt. Schließlich müssen die Mittel für Verkehrswende, Energiewende, Bauwende und Agrarwende auch bereitgestellt werden, ganz zu schweigen von den Gesetzen, die zu verabschieden sind, damit die sozialen Garantien tatsächlich garantiert sind.

So wichtig Druck aus der Zivilgesellschaft und von der Straße ist, am Ende des Tages müssen die Forderungen in Gesetzen, Haushaltsetats und Verordnungen durchgesetzt werden. Und das erfordet Regierungsmehrheiten, die genau dazu bereit sind. Sicherlich, mit viel Beharrlichkeit lässt sich auch aus der Opposition so manche Reformalternative erstreiten. Das bekannteste Beispiel dafür ist der gesetzliche Mindestlohn, der von der Linken und Gewerkschaften jahrelang eingefordert wurde, bis er nach langem Kampf endlich von einer CDU-SPD-Regierung eingeführt wurde; oder der Atomausstieg, der letztlich unter einer CDU-Kanzlerin durchgesetzt wurde, nachdem er von Umweltbewegung und Grünen jahrelang gefordert wurde. Allerdings erfordert der Green New Deal als Zukunftspakt, dass die verschiedenen Instrumente staatlichen Handelns, die es gibt, ja die staatlichen Institutionen in den Dienst dieses Umsteuerns gestellt bzw. darauf orientiert werden.

Dass es mit der Union und mit der FDP kein Neumischen der Karten geben wird, ahnen viele. Das liegt schon allein daran, dass sie die stärkere Besteuerung von Millionenvermögen und Millionenerbschaften ablehnen, weswegen schlichtweg die für den sozialökologischen Umbau notwendigen Mittel fehlen würden. Doch schrecken viele davor zurück, aus dieser Ahnung die notwendige Konsequenz zu ziehen. Die Gründe für diese Zurückhaltung sind vielfältig. Einige, die nicht in Parteien organisiert sind, scheuen sich vor klaren Parteinahmen, und sei es gegen eine Partei, schließlich gilt Wahlkampf als etwas zwar Notwendiges, aber irgendwie auch Unappetitliches, kurzum als etwas, das man lieber den Parteien selbst überlässt. Bei den drei Parteien, die zumindest potenziell eine solche andere Regierungsmehrheit für einen Zukunftspakt stellen könnten – namentlich bei Grünen, SPD und der Linken –, schrecken wiederum einige vor der notwendigen Konsequenz zurück, weil ihr Fokus in den vergangenen Jahren vor allem auf die Punkte gerichtet war, die die Parteien jeweils trennen und unterscheiden.

Zweifelsohne wäre es für alle drei Parteien in einer anderen Konstellation bequemer. Grüne oder SPD könnten in einer Regierung mit der Union oder FDP weiterhin gegenüber den Bewegungen und Gewerkschaften weitreichende Forderungen vertreten, die dann aber von dem Koalitionspartner verunmöglicht werden. Sie müssten sich nicht selbst in der Schuld sehen am Scheitern des Green New Deal, aber würden auch nicht die Gegenwehr der großen Lobbygruppen und Wirtschaftsverbände mit voller Wucht spüren. Die Linke wiederum könnte sich weiter darauf konzentrieren, das ihrer Meinung nach Richtige in aller notwendigen Radikalität zu fordern. Die Scheu, nun voll Energie neue linke Mehrheiten anzustreben, um damit gemeinsam einen Zukunftspakt auch umzusetzen, ist verständlich. Die drei Parteien links der Union bedeuten füreinander jeweils einiges an Zumutung. Allerdings erfordert die Zeit etwas anderes, als den bequemen, weil bekannten Weg einzuschlagen. Die Gründe, die dafür sprechen, sich den Zumutungen von neuen linken Mehrheiten auszusetzen, wiegen schlichtweg viel schwerer.

Angesichts der Dringlichkeit, die Krisen zu entschärfen, gelten inzwischen andere Kriterien, und zwar epochale. Im Rückblick werden womöglich alle heutigen Akteur:innen an grundlegenden Fragen gemessen, und diese Fragen lauten nicht: Habt ihr immer das Richtige in aller Vollständigkeit gefordert? Habt ihr auch ja keinen Ärger, keine schlechten Schlagzeilen verursacht? Die Frage lautet vielmehr: Was habt ihr unternommen, um auf der Höhe der Zeit die Krisen zu entschärfen, um Klimawandel, soziale Spaltung, militärische Eskalation und den Rechtsruck abzuwenden? Was habt ihr getan, um rechtzeitig umzusteuern in eine krisenfeste Gesellschaft? Und was habt ihr unterlassen, obwohl es möglich gewesen wäre?

Können staatliche Institutionen überhaupt von einer Bremse zum Motor sozialökologischer Transformation werden? Darüber ließe sich trefflich streiten.

Doch wenn die Frage so gestellt ist, verbleiben die Antworten immer im Metaphysischen, weil sie von einem feststehenden Wesen der Dinge und der Institutionen ausgehen. Im Sinne der Dialektik empfiehlt sich deshalb eine Verschiebung der Fragestellung: Was ist zu tun, damit sie es werden? Um das herauszufinden, hilft kein Verharren in linker Staatskritik. Auch wenn die Lektüre der Texte des wichtigen Kritikers des Parlamentarismus Johannes Agnoli[3] zur Vorbereitung auf die zu erwartenden Widerstände und Widersprüche bestimmt nicht schadet: Um herauszufinden, wie der Staat zum Motor einer sozialökologischen Transformation werden kann, müssen sich Green-New-Dealer:innen auch ins Handgemenge staatlicher Politik begeben. Eine dem Zukunftspakt verpflichtete Ministerin allein wird nicht reichen. Aber die Durchsetzungschancen steigen, wenn an der Spitze von staatlichen Institutionen Menschen und dahinter Regierungsmehrheiten stehen, die dieses Ziel teilen und alle Maßnahmen kritisch daraufhin reflektieren.

Regieren in Bewegung

Neue linke Mehrheiten, die dem Green New Deal verpflichtet sind, werden auf enorme Widerstände stoßen: auf die Schwerkraft von Bürokratie und auf Gegenkampagnen – befeuert von einigen Lobbygrup-

---

[3] Vgl. Johannes Agnoli, Peter Brückner, *Die Transformation der Demokratie*, Berlin: Voltaire-Verlag 1967.

pen und ihnen verbundenen Medien. Um für die Herausforderungen besser gewappnet zu sein, empfiehlt sich auch diesbezüglich eine Auseinandersetzung mit dem historischen New Deal unter Roosevelt und Perkins. Steffen Lehndorff beschreibt in seinem bereits zitierten Buch *Mut zum Konflikt*, wie sich damals entschiedenes Regierungshandeln und gesellschaftliche Proteste und Streiks gegenseitig verstärkten.[4] Durch ebenjenes Wechselspiel entstand eine enorme gesellschaftliche Dynamik. Die Erfolgskapitel der New-Deal-Geschichte sind von dieser wechselseitigen Verstärkung von Regierungshandeln und gesellschaftlichem Veränderungsdruck geprägt, der notwendig war, damit der Funke übersprang.

Auf die heutige Zeit übertragen bedeutet das, sich für den strategischen Ansatz „Regieren in Bewegung" zu entscheiden. Das prominenteste aktuelle Beispiel für Regieren in Bewegung liefert die Einführung des Mietendeckels in Berlin. Angesichts steigender Mieten gründeten sich viele Mietinitiativen. Schließlich startete das Volksbegehren Deutsche Wohnen & Co. enteignen. Die Empörung über Mietspekulationen und explodierende Mieten sowie die organisierende Arbeit dieser Initiativen befeuerten ein gesellschaftliches Klima in der Stadt, das innerhalb der Landesregierung den Mietendeckel ins Gespräch brachte. Anfangs überwogen innerhalb der Landesregierung die ablehnenden Stimmen gegenüber dieser „heißen Kartoffel". Doch fortschrittliche mit den Mietinitiativen im engen

---

[4] Lehndorff, *Mut zum Konflikt*.

Austausch stehende Regierungsakteur:innen ließen nicht locker. Im Zusammenspiel gelang die Einführung des Mietendeckels. Leider wurde er infolge einer Klage von FDP und CDU auf Landesebene ausgebremst. Das Verfassungsgericht urteilte dabei nicht über den Gehalt des Deckels, sondern bestritt lediglich, dass ein Bundesland die Gesetzgebungskompetenz dafür habe, da diese für den Bereich beim Bund läge. Diese Entscheidung ruft nun die Notwendigkeit auf, einen solchen Mietendeckel im Bundesrecht umzusetzen.

Aber auch wenn einzelne Parteimitglieder im engen Austausch mit Bewegungen stehen, darf man sich „Regieren in Bewegung" keineswegs als ein einvernehmlich ausgehandeltes, reibungsloses Rollenspiel zwischen den jeweiligen Protestbewegungen und die Regierungsmitglieder als Laienschauspieler:innen vorstellen. Viel wahrscheinlicher ist, dass Aktivist:innen mit den Kompromissen, mit den Grenzen und den Rückschlägen auch linker Regierungspolitiken hadern. Im Gegenzug werden sich die fortschrittlichen Regierungsmitglieder gelegentlich zu Unrecht angegriffen fühlen und innerlich mit den Augen rollen, wenn schon wieder eine radikale Forderung kommt. Doch Reibungslosigkeit ist gar nicht das Ziel dieses strategischen Ansatzes. Manchmal sind sogar Reibung und gegenseitiger Ärger notwendig. Entscheidend ist vielmehr ein Wissen um die Kraft, die erst im Zusammenwirken – gerade auch im kritischen – entfaltet werden kann. Wichtig ist eine Haltung seitens der fortschrittlichen Regierungskräfte, Druck aus der Gesellschaft und Kritik aus den Bewegungen nicht als etwas zu verstehen, gegen das man sich immunisieren muss, sondern in diesem Druck etwas Produktives zu sehen, das man aufgreifen sollte, auch dann, wenn es nervt.

In der bewegungsorientierten Linken herrscht, wenn überhaupt das Wechselspiel von Regierung und Bewegungen diskutiert wird, oft die Vorstellung vor, entscheidend sei am Ende ohnehin der Druck von der Straße. Wenn der nur groß genug ausfiele, könne er sich in entsprechendes Regierungshandeln übersetzen. Beim Mietendeckel in Berlin war dies offensichtlich der Fall, wenn er auch ohne entsprechende Regierungsmehrheiten nie zustande gekommen wäre. Doch es wäre viel zu schematisch, die Abfolge der Ereignisse stets wie folgt zu denken: Zuerst agieren die Bewegungen, und dann ziehen fortschrittliche Regierungen eventuell nach. Es kann auch Situationen geben, wo eine Regierung beherzt vorangeht, ja vorangehen muss. Dafür gibt es in der Geschichte ebenfalls Beispiele: „Der New Deal wurde nicht, wie manche Linke meinen, von unten erzwungen, sondern von oben eingeleitet. Eine starke zum Betreten von Neuland entschlossene Regierung ergriff die Initiative für einen großen Reformprozess."[5]

Mit anderen Worten: Mehr Staat kann manchmal auch die Voraussetzung für mehr Bewegung sein. Es geht dabei um die Möglichkeit, gesellschaftliche Kräfteverhältnisse zu verschieben, durch institutionelle Macht gesellschaftliche Kämpfe zu ermöglichen und

---

[5] Lehndorff, *New Deal heißt Mut zum Konflikt*, S. 86.

möglichst viele mitzunehmen. Die Aufgabe von fortschrittlichen Parteien besteht genau darin, eben nicht
nur den gesellschaftlichen Handlungsraum und die
öffentliche Meinungsbildung auszuweiten, sondern
die gesellschaftlich errungene Macht ins Recht zu setzen, sprich sie in parlamentarischen Prozessen zu
kodifizieren. Regierungsmacht, verstanden als Gestal-
tungsmacht, die die Weichen Richtung Zukunftspakt
stellt, schafft eben auch die Voraussetzungen für
neue soziale Kämpfe. In rund zwei Jahrzehnten inten-
siver politischer Praxis in Partei, Bewegungen, Stiftung
und Parlament und dem beständigen Nachdenken
darüber sind wir zu dieser Erkenntnis gelangt: Es gilt
sozialökologische Regierungsmehrheiten links von
Union und FDP anzustreben, die den Ansatz „Regieren in Bewegung" praktizieren und dem Green New
Deal als Zukunftspakt verpflichtet sind. Mit diesem
Essay wollen wir diese Erkenntnis darstellen, begrün-
den und damit nachvollziehbar machen.

Ein solches Setzen auf andere Regierungsmehrheiten mag bei dem einen oder der anderen Unbehagen
auslösen. Die Parteien haben ihrerseits viel dazu beigetragen. Doch dieses Unbehagen verstellt den Blick auf
das, was zu tun ist. Es erleichtert umgekehrt den fortschrittlichen Parteien, sich vor dem zu drücken, was
für sie jeweils eine echte Herausforderung, aber notwendig ist, damit die Katastrophe doch noch abgewen-
det werden und der Plan zur Utopie eines guten Lebens
umgesetzt werden kann; kurzum, vor dem, was zu tun
ist, damit alle ohne Sorge über den Monat kommen
und alle eine gute Zukunft auf diesem Planeten haben.

STATT EINES SCHLUSSWORTS EINE NOT-TO-DO-LISTE

Das Känguru aus den *Känguru-Chroniken*, deren Episoden wir nicht anhören können, ohne zu lachen, führt Not-to-do-Listen: also Listen mit Aufgaben und Dingen, die es auf keinen Fall vorhat zu tun. Abends freut es sich dann an all den Dingen, die es nicht getan hat. Unsere Kinder und wir amüsieren uns darüber immer köstlich. Und wir gestehen, wir sind auch ein bisschen neidisch auf die Leichtigkeit des Kängurus. Immerhin ist unser Alltag davon geprägt, To-do-Listen abzuarbeiten. Anders lässt sich die Vielfachverantwortung in Beruf, Ehrenamt und Sorgearbeit nicht bewältigen.

Die heutige Arbeitswelt und unser Alltag sind geprägt von Listen, was alles noch zu erledigen, was einzukaufen ist, welche Mails noch zu schreiben und welche Anschaffungen noch zu machen sind. Solche To-do- und Einkaufslisten sind eine praktische Hilfe. Aber die Not-to-do-Liste des Kängurus hat in uns auch eine Sehnsucht und einen Verdacht geweckt: Könnten all die Listen auch ein Zeichen dafür sein, dass unsere Art zu konsumieren und zu produzieren auf einem fragwürdigen Mechanismus beruht? So schön es ist, wenn man einen Punkt auf der Liste durchstreichen kann, die Listen enden nie.

Politische Flugschriften enden ebenfalls oft mit einem Maßnahmenkatalog, einer Art politischer To-do-Liste. Auch wir haben in diesem Buch viel darüber gesprochen, was zu tun ist. Doch eine Politik, die die

Krisen unserer Zeit entschärft, braucht auch eine Not-to-do-Liste. Eine Sichtung dessen, was wir in Zukunft unterlassen können, sollten oder sogar müssen. Hier also eine kleine Sammlung, was wir in Zukunft vielleicht unterlassen, weil es uns nicht voranbringt und stattdessen Zeit und Energie frisst. Zeit und Energie, die wir lieber anderweitig einsetzen, zum Neumischen der Karten, nämlich so, dass die gesellschaftliche Veränderung, für die wir kämpfen, sich auch in unserem Alltag umsetzt, und auch um mit Kindern und Freund:innen gelegentlich (Karten) zu spielen. Also: Hier nimm dieses Buch und halt mal kurz. Es liegt in deinen Händen. Schau, was du nun damit anfängst.

Not-to-do-Liste

· *Konkurrenz zwischen Ökologie und Sozialem befeuern*
Wo es konkrete Spannungen gibt, müssen konkrete Lösungen gefunden werden. Ansonsten gilt, wer sich abstrakt darüber streitet, was wichtiger sei, die soziale Krise zu entschärfen oder die ökologische, verschwendet nur unnötig Zeit und Energie.

· *Blind sein fürs Wechselspiel zwischen Bewegung und Regierung*
Sich darüber zerstreiten, was für den Green New Deal als Zukunftspakt wichtiger sei, gesellschaftliche Mobilisierung oder Mobilisierung für andere Regierungsmehrheiten, bringt nichts, denn es braucht beides. Der historische New Deal vor 90 Jahren zeigt, dass eine

wechselseitige Dynamik entstehen kann. Zur Durchsetzung sind entschiedenes Regierungshandeln und zugleich Druck aus der Gesellschaft, aus den Betrieben und von der Straße wichtig, um Alternativen starkzumachen: als Gegengewicht zur ausbremsenden Kraft der Lobbygruppen und als Gegengewicht zur Schwerfälligkeit der Apparate. Aber auch damit die errungenen Fortschritte als gemeinsam erkämpfte Erfolge verinnerlicht werden, die es gegen die kommenden Angriffe zu verteidigen gilt.

· *Sich in Selbstoptimierung verausgaben*
Mit Selbstgeißelung, weil man noch nicht zu 100 Prozent den eigenen moralischen Vorstellungen entspricht, der eigene ökologische Fußabdruck noch nicht komplett auf null runtergefahren wurde oder weil noch nicht in jedem Satz alle Diskriminierungsverhältnisse reflektiert sind, sollte man nur dann Zeit verbringen, wenn es einem Freude bereitet. Man muss es mit den *guilty pleasures* nicht übertreiben, aber manchmal hilft es, sich an den berühmten Satz Theodor W. Adornos zu erinnern: „Es gibt kein richtiges Leben im falschen."[1] Für uns heißt das, darauf zu achten, dass neben dem Streben nach Selbstveränderung auch noch genügend Zeit und Energie für die Änderung der Verhältnisse bleiben.

---

[1] Theodor W. Adorno, *Minima Moralia. Reflexionen aus dem beschädigten Leben*, in: *Gesammelte Schriften*, Bd. 4, Darmstadt: WBG 1997, S. 18.

· Ins Private flüchten

Die Geschichte aller gesellschaftlichen Fortschritte ist die Geschichte von Kämpfen mit zahlreichen Rückschlägen. Die Abschaffung der Sklaverei, von Kinderarbeit, die Einführung des Frauenwahlrechts – all das sind keine Geschichten eines geradlinigen Sprints. Auch der New Deal unter Roosevelt und Perkins setzte zunächst mit der National Recovery Administration auf eine Methode, die scheiterte. Doch in Auswertung dieses Scheiterns kam es zum Wagner Act, einem Maßnahmenpaket, das bessere Arbeitsstandards durchsetzte. So gesehen leistet auch das gescheiterte NRA-Projekt (National Industrial Recovery Act von 1933, dessen zentrale Idee darin bestand, gewerkschaftliche Organisierung durch Richtlinien, die auf Branchenebene ausgehandelt wurden, zu unterstützen) einen Beitrag, konkret die Erkenntnis, dass man beim Durchsetzen von guten Arbeitsbedingungen nicht allein auf Selbstregulierung der Industrie setzen kann.

· Das Lachen verlernen

Trotz all der Krisen, Herausforderungen und der Gegenwehr sowie der gelegentlichen eigenen Unzulänglichkeiten sollten wir niemals den Humor verlieren. Vielleicht übertreibt das Känguru etwas, wenn es die Einteilung witzig/nicht witzig zum neuen Hauptwiderspruch erklärt. Auf jeden Fall ist es mit Humor angenehmer. Früher dachte man den Aufbruch in eine neue Gesellschaft als etwas, dem lange Aufopferung vorangehen müsse, quasi im biblischen Ausmaß als Marsch durch die Wüste an Moses Seite. Und auch

viele der leider sehr realistischen Schreckensszenarien
bezüglich des Klimawandels lassen ein solches Bild
aufscheinen. Doch wir wissen, der lange Aufbruch in
eine Zukunft, für die es sich zu kämpfen lohnt, kann
lustvoll beginnen, am besten sogar mit einem Lachen.

(Not) to be continued.

DANK

Unser Dank gilt Morten Paul und Dorit Riethmüller für das sorgsame Durchsehen des Textes. Und wir danken der Redaktion des Online-Magazins *prager frühling* für die Diskussionen voller Offenheit sowie für den Austausch, der uns gemeinsam klüger macht.

LITERATUR

ADORNO, Theodor W.: *Minima Moralia. Reflexionen aus dem beschädigten Leben*, in: *Gesammelte Schriften*, Bd. 4, Darmstadt: WBG 1997.

AGNOLI, Johannes, BRÜCKNER, Peter: *Die Transformation der Demokratie*, Berlin: Voltaire-Verlag 1967.

BECKER, Maximilian, REINICKE, Mathilda (Hg.), *Anders wachsen! – Von der Krise der kapitalistischen Wachstumsgesellschaft und Ansätzen einer Transformation*, München: Oekon 2018.

BRANDT, Ulrich, WISSEN, Markus: *Imperiale Lebensweise. Zur Ausbeutung von Mensch und Natur im globalen Kapitalismus*, München: oekom 2017.

BUND DEUTSCHER ARCHITEKTINNEN UND ARCHITEKTEN: *Das Haus der Erde – politisch handeln. Anforderungen für eine klimagerechte Architektur in Stadt und Land*, Berlin: Bund deutscher Architektinnen und Architekten 2019.

CHOMSKY, Noam, POLLIN, Robert: *Die Klimakrise und der Globale Green New Deal. Die Politische Ökonomie zur Rettung unseres Planeten*, Münster: Unrast 2021.

FISCHER-LESCANO, Andreas, MÖLLER, Kolja: *Der Kampf um globale soziale Rechte*, Berlin: Wagenbach 2012.

FÜCKS, Ralf, MANTHE, Rainald, MÜNCH, Claudia, HOCH, Markus, SCHREINER, Franziska, EHRENTRAUT, Oliver: *Das Bildungsgrundeinkommen. Vorschlag für eine neue Weiterbildungsfinanzierung*, Berlin: Zentrum für liberale Moderne 2021.

GRAMSCI, Antonio: *Gefängnishefte*, 10 Bd., Hamburg: Argument 2012.

PAUL, Harpreet Kaur, GEBRIAL, Dalia (Hg.): *Perspectives of a Global Green New Deal*, London: Rosa-Luxemburg-Stiftung 2021.

HARTMANN, Michael: *Der Mythos von den Leistungseliten. Spitzenkarrieren und soziale Herkunft in Wirtschaft, Politik, Justiz und Wissenschaft*, Frankfurt am Main: Campus Verlag 2002.

HAUG, Frigga: *Die Vier-in-einem-Perspektive. Politik von Frauen für eine neue Linke*, Hamburg: Argument 2009.

—*Der im Gehen erkundete Weg. Marxismus-Feminismus*, Hamburg: Argument/InkriT 2015.

HOFERBETH, Elena, SCHMELZER, Matthias: „Gekoppelt wird ein Schuh draus – Green New Deal versus Degrowth", in: *politische ökologie* 04/2019, S. 31–38.

KIPPING, Katja: *Neue linke Mehrheiten – Eine Einladung*, Hamburg: Argument 2020.

KLEIN, Naomi: *Die Entscheidung: Kapitalismus versus Klima*, Frankfurt a.M.: S. Fischer 2015.

—*Warum nur ein Green New Deal unseren Planeten retten kann*, Hamburg: Hoffmann und Campe 2019.

KLING, Marc-Uwe: *Die Känguru-Chroniken*, Berlin: Ullstein 2009.

—*Das Känguru-Manifest*, Berlin: Ullstein 2011.

—*Die Känguru-Apokryphen*, Berlin: Ullstein: 2018.

LEHNDORFF, Steffen: *New Deal heißt Mut zum Konflikt. Was wir von Roosevelts Reformpolitik der 1930er Jahre heute lernen können*, Hamburg: VSA 2020.

LESSENICH, Stephan: *Neben uns die Sintflut. Die Externalisierungsgesellschaft und ihr Preis*, Berlin: Hanser 2016.

LEWIS, Sinclair: *Das ist bei uns nicht möglich*, Berlin: Aufbau Verlag 2020.

MARX, Karl: *Das Kapital. Illustrierte Ausgabe*, Leipzig: Faber & Faber 2007.

MAYR, Anna: *Die Elenden. Warum unsere Gesellschaft Arbeitslose verachtet und sie dennoch braucht*, Berlin: Hanser 2020.

MÖLLER, Kolja: „Das ,Volk' der neuen Rechten: Zwischen autoritärem Liberalismus und neo-faschistischer Dynamisierung", *Zeitschrift für Menschenrechte* 2/2020, 68–91.

PETTIFOR, Ann: *The Case for the Green New Deal*, London: Verso 2019.

RAHMSTORF, Stefan, SCHELLNHUBER, Hans Joachim: *Der Klimawandel*, München: C.H. Beck 2018.

RIEXINGER, Bernd: *System Change. Plädoyer für einen linken Green New Deal – Wie wir den Kampf für eine sozial- und klimagerechte Zukunft gewinnen können*, Hamburg: VSA 2020.

ROTH, Phillip: *Verschwörung gegen Amerika*, Reinbek: Rowohlt Verlag 2007.

SCHLESINGER, Arthur M.: *The Age of Roosevelt. The Politics of Upheaval*, London: Heinemann 1961.

SCHUMACHER, Juliane: *Green New Deals. Großer Wurf für gerechten Klimaschutz oder Update des kapitalistischen Modells? Eine Einführung*, Brüssel: Rosa-Luxemburg-Stiftung 2021.

SRNICEK, Nick, WILLIAMS, Alex: *Die Zukunft erfinden. Postkapitalismus und eine Welt ohne Arbeit*, Berlin: Edition Tiamat 2016.

WEISS, Peter: *Ästhetik des Widerstandes*, Frankfurt a.M.: Suhrkamp 2005.

WENKE, Astrid: *Eine Milliarde für Süderlenau*, Berlin: Krug & Schadenberg 2013.

WINKER, Gabriele: *Care-Revolution. Schritte in eine solidarische Gesellschaft*, Bielefeld: Transcript 2015.

ZELIK, Raul: *Wir Untoten des Kapitals. Über politische Monster und einen grünen Sozialismus*, Berlin: Suhrkamp 2020.

IMPRESSUM

Green New Deal als Zukunftspakt erscheint im August Verlag. Der August Verlag ist ein Forum für Theorie im Schnittpunkt von Philosophie, Politik und Kunst. Der August Verlag ist ein Imprint von Matthes & Seitz Berlin.

August Verlag
august@augustverlag.de
www.augustverlag.de

Erste Auflage Berlin 2021
Copyright
© 2021 MSB Matthes & Seitz Berlin Verlagsgesellschaft mbH,
Göhrener Straße 7, 10437 Berlin
Alle Rechte vorbehalten.

Gestaltung: Selitsch Weig nach einem Entwurf von Christoph Stolberg
Satz: Selitsch Weig
Druck: GGP Media GmbH, Pößneck

Die Deutsche Nationalbibliothek verzeichnet diese Publikation in der Deutschen Nationalbibliografie; detaillierte bibliografische Daten sind über http://dnb.d-nb.de abrufbar

Printed in Germany

ISBN 978-3-941360-88-4

BISHER ERSCHIENEN

Georges Canguilhem
DIE ERKENNTNIS DES LEBENS
ISBN 978-3-941360-00-6

Marietta Kesting,
Aljoscha Weskott (eds.)
SUN TROPES
Sun City and (Post-)Apartheid
Culture in South Africa
ISBN 978-3-941360-04-4

Anselm Haverkamp
BEGREIFEN IM BILD
Methodische Annäherung an die
Aktualität der Kunst (Antonello da
Messina, August Sander)
Kleine Edition 1
ISBN 978-3-941360-02-0

Barbara Vinken
EINE LEGENDE DER MODERNE
Flauberts *Einfaches Herz*
Flaubert Lectures I
Kleine Edition 2
ISBN 978-3-941360-03-7

Volker Pantenburg
RÄNDER DES KINOS
Godard – Wiseman – Benning –
Costa
Kleine Edition 3
ISBN 978-3-941360-08-2

Jacques Rancière
DER HASS DER DEMOKRATIE
Kleine Edition 24
ISBN 978-3-941360-01-3

Alain Badiou
KLEINES TRAGBARES
PANTHEON
ISBN 978-3-941360-06-8

Maria Muhle, Kathrin Thiele (Hg.)
BIOPOLITISCHE
KONSTELLATIONEN
ISBN 978-3-941360-05-1

Jean Starobinski
GESCHICHTE DER
MELANCHOLIEBEHANDLUNG
ISBN 978-3-941360-09-9

Thomas Khurana,
Christoph Menke (Hg.)
PARADOXIEN DER AUTONOMIE
Freiheit und Gesetz I
ISBN 978-3-941360-10-5

Juliane Rebentisch,
Dirk Setton (Hg.)
WILLKÜR
Freiheit und Gesetz II
ISBN 978-3-941360-11-2

Christoph Menke
RECHT UND GEWALT
Kleine Edition 4
ISBN 978-3-941360-14-3

Jonathan Culler
WHY FLAUBERT?
and Jacques Neefs
LOVE, GODS, WARS
A modern epic prose
Flaubert Lectures II
Kleine Edition 5
ISBN 978-3-941360-15-0

Thomas Schestag
REALABSENZ, SCHATTEN
Flauberts Erziehung:
Zur *Education Sentimentale*
Flaubert Lectures III
Kleine Edition 6
ISBN 978-3-941360-16-7

Jalal Toufic
VOM RÜCKZUG DER
TRADITION NACH EINEM
UNERMESSLICHEN DESASTER
Kleine Edition 7
ISBN 978-3-941360-24-2

Branden W. Joseph
THE *ROH* AND THE COOKED
Tony Conrad and Beverly Grant
in Europe (with an Essay by
Tony Conrad)
ISBN 978-3-941360-18-1

Alexander García Düttmann
NAIVE KUNST
Ein Versuch über das Glück
Kleine Edition 8
ISBN 978-3-941360-13-6

Alain Brossat
PLEBS INVICTA
Kleine Edition 9
ISBN 978-3-941360-07-5

Jacques Rancière
UND DAS KINO GEHT WEITER
Schriften zum Film
ISBN 978-3-941360-19-8

Anselm Haverkamp
DIE ZWEIDEUTIGKEIT
DER KUNST
Zur historischen Epistemologie
der Bilder
Kleine Edition 10
ISBN 978-3-941360-23-5

Beate Söntgen,
Gabriele Brandstetter
RENAISSANCEN DER PASSION
Flaubert Lectures IV
Kleine Edition 11
ISBN 978-3-941360-22-8

Isabelle Graw, Peter Geimer
ÜBER MALEREI
Eine Diskussion
Kleine Edition 12
ISBN 978-3-941360-28-0

Jacques Rancière
BÉLA TARR. DIE ZEIT DANACH
Kleine Edition 13
ISBN 978-3-941360-26-6

Björn Quiring (Hg.)
THEATRUM MUNDI
Die Metapher des Welttheaters
von Shakespeare bis Beckett
ISBN 978-3-941360-17-4

Georges Canguilhem
DAS NORMALE UND DAS
PATHOLOGISCHE
ISBN 978-3-941360-20-4

Thomas Khurana (Hg.)
THE FREEDOM OF LIFE
Hegelian Perspectives
Freiheit und Gesetz III
ISBN 978-3-941360-21-1

Eva Horn, Michèle Lowrie (Hg.)
DENKFIGUREN /
FIGURES OF THOUHGT
Für / For Anselm Haverkamp
ISBN 978-3-941360-32-7

Andreas Fischer-Lescano
RECHTSKRAFT
Kleine Edition 14
ISBN 978-3-941360-29-7

Simon Rothöhler
HIGH DEFINITION
Digitale Filmästhetik
Kleine Edition 15
ISBN 978-3-941360-25-9

Stefanos Geroulanos, Todd Meyers
EXPERIMENTE IM INDIVIDUUM
Kurt Goldstein und die Fragen
des Organismus
Kleine Edition 16
ISBN 978-3-941360-30-3

Rüdiger Campe, Christoph Menke,
Anselm Haverkamp
BAUMGARTEN-STUDIEN
Zur Genealogie der Ästhetik
ISBN 978-3-941360-38-9

Friedrich Balke, Rembert Hüser
REISEN MIT KAFKA
Paris, Weimar
Kleine Edition 17
ISBN 978-3-941360-39-6

Jacques Lacan
STRUKTUR. ANDERSHEIT.
SUBJEKTKONSTITUTION
Lacanian Explorations I
Kleine Edition 18
ISBN 978-3-941360-37-2

Leon Filter
BIEGEN
Mit einem Essay von Helmut Draxler
Kleine Edition 19
ISBN 978-3-941360-36-5

Volker Pantenburg u.a. (Hg.)
WÖRTERBUCH
KINEMATOGRAFISCHER
OBJEKTE
ISBN 978-3-941360-33-4

Jacques Rancière
DIE WÖRTER DER GESCHICHTE
Versuch einer Poetik des Wissens
ISBN 978-3-941360-42-6

Slavoj Žižek
THE WAGNERIAN SUBLIME
Four Lacanian Readings of
Classic Operas
Lacanian Explorations II
Kleine Edition 20
ISBN 978-3-941360-41-9

Volker Pantenburg (ed.)
CINEMATOGRAPHIC OBJECTS
Things and Operations
ISBN 978-3-941360-34-1

Frédéric Paul
SARAH MORRIS
CAPITAL letters read better for Initials
ISBN 978-3-941360-46-4

David Joselit
NACH KUNST
ISBN 978-3-941360-47-1

Alexander García Düttmann
GEGEN DIE SELBSTERHALTUNG
Ernst und Unernst des Denkens
ISBN 978-3-941360-49-5

Eva Geulen
AUS DEM LEBEN DER FORM
Goethes Morphologie und die Nager
ISBN 978-3-941360-40-2

Daniel Loick
DER MISSBRAUCH DES
EIGENTUMS
Kleine Edition 21
ISBN 978-3-941360-54-9

Georges Canguilhem
REGULATION UND LEBEN
Kleine Edition 22
ISBN 978-3-941360-43-3

Maria Muhle, Christiane Voss (Hg.)
BLACK BOX LEBEN
ISBN 978-3-941360-44-0

Astrid Deuber-Mankowsky
QUEERES POST-CINEMA
Yael Bartana, Su Friedrich, Todd
Haynes, Sharon Hayes
Kleine Edition 25
ISBN 978-3-941360-55-6

Felix Trautmann (Hg.)
DAS POLITISCHE IMAGINÄRE
Freiheit und Gesetz V
ISBN 978-3-941360-31-0

Eric L. Santner
GESETZ UND PARANOIA
Freud, Schreber und die Passionen
der Psychoanalyse
Lacanian Explorations III
ISBN 978-3-941360-53-2

Christoph Menke
RECHT UND GEWALT
Erweiterte Neuauflage
Kleine Edition 26
ISBN 978-3-941360-14-3

Richard Baxstrom, Todd Meyers
VIOLENCE'S FABLED
EXPERIMENT
Kleine Edition 27
ISBN 978-3-941360-57-0

Christoph Menke
AM TAG DER KRISE
Kolumnen
Kleine Edition 29
ISBN 978-3-941360-62-4

Anne von der Heiden,
Sarah Kolb (Hg.)
LOGIK DES IMAGINÄREN
Diagonale Wissenschaft nach
Roger Caillois
Band I: Versuchungen durch Natur,
Kultur und Imagination
ISBN 978-3-941360-58-7

Katja Müller-Helle (ed.)
THE LEGACY OF
TRANSGRESSIVE OBJECTS
ISBN 978-3-941360-64-8

Samo Tomšič
THE LABOUR OF ENJOYMENT
Towards a Critique of Libidinal
Economy
Lacanian Explorations IV
ISBN 978-3-941360-56-3

Gilles Deleuze, Claire Parnet
DIALOGE
ISBN 978-3-941360-48-8

Anne Sauvagnargues
ETHOLOGIE DER KUNST
Deleuze, Guattari und Simondon
Kleine Edition 30
ISBN 978-3-941360-60-0

Eric Fassin
REVOLTE ODER RESSENTIMENT
Über den Populismus
Kleine Edition 31
ISBN 978-3-941360-68-6

Jörg Dünne
KOSMOGRAMME
Geohistorische Skalierungen
romanischer Literaturen
Kleine Edition 32
ISBN 978-3-941360-69-3

Christian Maurel
FÜR DEN ARSCH
Mit einem Essay von Peter Rehberg
Kleine Edition 28
ISBN 978-3-941360-63-1

Anna Häusler, Elisabeth Heyne,
Lars Koch, Tanja Prokić
VERLETZEN UND BELEIDIGEN
ISBN 978-3-941360-70-9

Jörg Kreienbrock
DAS MEDIUM DER PROSA
Studien zur Theorie der Lyrik
ISBN 978-3-941360-66-2

Ludger Schwarte
DENKEN IN FARBE
Zur Epistemologie des Malens
ISBN 978-3-941360-71-6

Henning Trüper
SEUCHENJAHR
Kleine Edition 33
ISBN 978-3-941360-83-9

Hanna Hamel
ÜBERGÄNGLICHE NATUR
Kant, Herder, Goethe und
die Gegenwart des Klimas
ISBN 978-3-941360-80-8

Peer Illner (ed.)
UNWORKING
ISBN 978-3-941360-67-9

Gilles Châtelet
LEBEN UND DENKEN WIE
DIE SCHWEINE
ISBN 978-3-941360-79-2

Martina Dobbe und
Francesca Raimondi (Hg.)
SERIALITÄT UND
WIEDERHOLUNG:
REVISITED
ISBN 978-3-941360-75-4